让成长真实发生：
教育的生命意蕴

李春梅　著

吉林出版集团股份有限公司

全国百佳图书出版单位

图书在版编目（CIP）数据

让成长真实发生 : 教育的生命意蕴 / 李春梅著. --
长春 : 吉林出版集团股份有限公司, 2022.12
ISBN 978-7-5731-2725-9

Ⅰ.①让… Ⅱ.①李… Ⅲ.①小学语文课—教学研究
Ⅳ.①G623.202

中国国家版本馆CIP数据核字(2023)第032730号

让成长真实发生：教育的生命意蕴

RANG CHENGZHANG ZHENSHI FASHENG : JIAOYU DE
SHENGMING YIYUN

著　　者　李春梅
出 版 人　吴　强
责任编辑　刘东禹
开　　本　710 mm × 1000 mm　1/16
印　　张　15.75
字　　数　220千字
版　　次　2022年12月第1版
印　　次　2023年8月第1次印刷

出　　版　吉林出版集团股份有限公司
发　　行　吉林音像出版社有限责任公司
　　　　　（吉林省长春市南关区福祉大路5788号）

电　　话　0431 - 81629667
印　　刷　吉林省信诚印刷有限公司

ISBN 978-7-5731-2725-9　　定　价　68.00元

如发现印装质量问题，影响阅读，请与出版社联系调换。

目　录

序 言

谱写真实美好的教育人生

相许于小学语文教学工作和班主任工作，悠悠间已27载，其间泛舟教海，领略风华，品尝甘苦，得悟真知，越发深觉，人生之最大欣快莫过于此。一路走来，教育的光亮，一如明月清辉当头，时时朗照，指引前行。

儿童是一块虚怀若谷的包袱皮，藏进什么都最稳妥，一辈子都能闭着眼摸到。儿童的心灵是最清澈的，儿童的记忆是最深刻的，儿童的教育是最重要的，应该多些品格上的渗透、思维上的导引、精神上的点拨。

我想真正的教育就应如清凌凌的河水一样流畅，像春天的草芽一样自然的东西，没有丝毫凝滞和雕琢的痕迹。一切都是那样的水到渠成、不露声色，可它对于一颗颗稚嫩纯净的心灵该是怎样的一种震撼呀？

从踏上讲台的那一天起，我就在心里暗暗发誓，一定要做一个像孩子、懂孩子的老师。从踏上讲台的那一刻起，我就在心里不断地追问自己：对教育该有怎样的情怀？对学生该有怎样的理解？对成长该有怎样的定义？……我想，如果没有这样坚定不移的教育初心，没有这样年复一年的深刻思考，对于教育理想的实现便是空中楼阁，惶惶终日无力企及，也就难以实现真实美好的教育人生。

在多年的教育教学工作中，我努力拥有一种升华的爱。

我深知内心充溢着对万物的爱的人才可以真实美好地生活。我因爱教育而敬业，因爱学生而乐教。爱是教育的灵魂，这种爱是"一切为了学生，为了一切学生，为了学生的一切"的博大无私的爱。

我明晰只有充满爱的教育，才会震撼学生的心灵，才能深入人心，培养出富有责任心和爱心的人才。也许只是一个微笑，一个手势，一个眼神，一句真诚的赞美，一份热情的鼓励，一次委婉的劝诫……才会像春雨一样，让学生干涸的心田得到滋润，使一棵行将枯萎的幼苗成为参天大树。

因心中有爱而乐教，乐在其中，这无疑也是作为一名教师的我最真实而美好的人生。

在多年的教育教学工作中，我永葆一种平和的心态。

罗曼·罗兰说过："要散布阳光到别人心里，先得自己心里有阳光。"虽然每天做着琐碎而繁杂的工作，但晨曦中，我会带着灿烂的笑容，走进教室与学生亲切地打招呼，有序地处理班级事务，与学生进行心与心的交流；暮色中，与学生真情告别后离开学校，走进家居，与家人共享温馨。

工作中，我不会对学生疾风骤雨，也不会自己凄风苦雨。当我放下老师的架子，蹲下身子，看轻众多的评比、评优，做个性化自己的时候，我的快乐会感染我的学生，使之形成一个充满活力、大有潜力的快乐集体，而我也从中收获了更多的快乐！

我努力让自己的学生意识到，人与人之间的智力、才能、学习成绩、性格特点、家庭经济情况等虽然存在着客观差别，但每个人的尊严和权利都是绝对平等的，每个人在老师心中都是平等的。我想：平等只能在平等中培养。今天的我如何对待学生，明天的学生就会如何去对待他人。

在多年的教育教学工作中，我始终拥有一颗睿智的爱心。

苏霍姆林斯基说："什么是我们生活中最重要的东西呢？可以不假思索地说，就是热爱儿童。"这种爱，是超越名利的爱，是理性睿智的爱。

面对一个个鲜活的生命时，我从不苛求他们完美，剥夺孩子们犯错误的权利。我深知，对于孩子们来说，错误与挫折会使他们更快地成长。有人说宽容是一种美德，是人性的光辉。在我看来，宽容更是教育的秘诀。惩罚是教育，宽容也是教育，宽容却比惩罚更有力量。

作为教师的我明白：我不是圣人，学生也不是圣人，圣人尚且会犯错误，作为成长中的学生犯错误是不奇怪的，也是应该得到原谅的。所以我树立了"允许学生犯错误"的教育观，把育人当作一项长期的事业，用发展的眼光去看待每一位学生。对学生宽容并不意味着纵容与放任自流，我会在亲切和谐的氛围中进行恰当地引导和必要地批评。尊重学生犯错误的权利，就会多一些宽容；多一些宽容，就会多一些平和的快乐！

面对班级里的一些潜能生，作为人师，我深知太多的苛责早已失去了任何意义，太多的替代亦不能代替他们成长。唯有使自己的心柔软，柔软到我们看到一朵花中的一片花瓣落下，都使我们动容、颤抖。唯其柔软，我们才能敏感；唯其柔软，我们才能包容；唯其柔软，我们才能精致；也唯其柔软，我们才能超越自我，在受伤的时候甚至能包容我们的伤口。我坚持用这样的柔软的心去对待每一个孩子那水晶般的心灵，去宽容、去爱护、去理解、去尊重，因为我坚信，即使面对的是草木，也能将心比心，也能与草木赤诚相见。

真实美好的教育，追求的是一种海纳百川的大度、一览众山小的超然，是一种败而不哀、败而不馁的气度和修养。而作为教师的我，就在这样真实美好的教育中平和淡定地坐看云卷云舒。

在真实美好的教育中，我会用爱的目光对准每一个孩子的心灵。面对有各种顽疾的孩子，不会惊雷骤雨，而会和风甘霖般走进孩子的心灵，分析原因，帮助他们一次次进步；面对成绩出类拔萃的学生，亦不会把他们捧得高高在上，而是让他们明白"人外有人，天外有天"，要学会超越名利，超越自我；面对安于现状、情绪低沉的学生，不会让他们成为被人遗忘的角落，而是激发他们的上进心，鼓励他们不断超越，成为最好的自己。

在多年的教育教学工作中，我用心构建一种科学的管理。

人们常说"勤妈懒孩子"。学校当中我们也常见"勤老师懒学生"，原因就是班主任对学生做事一百个不放心。科学管理、大胆放手是减轻班主任工作负担、提高学生能力的有效途径，是成为快乐班主任的重要条件。在我执教的班级中，人人有事做，人人参与班级管理，人人献计献策，每个人都能在集体中找到自己的位置，承担责任，享受权利，学会合作，学会尊重，锻炼能力，展示才华。

在多年的教育教学工作中，我始终坚持一种嗜书的习惯。

在清风徐来之时，在窗外疏花之际，在幽幽乐音声中，畅游在教育名家的著作里，与教育大家进行穿越时空的对话；流连在散文名家的书海中，撷取诗样语言。

我更会在班级中营造书香氛围，让学生多读书、读好书，成为谦谦君子和窈窕淑女。班级学生因此少了世俗，多了空灵；拥有凌云之志，绝不会亦步亦趋。而我在教育学生时更是拥有了凌云外看青天的气度与清醒。师生的生命在书香萦绕中流光溢彩。

在多年的教育教学工作中，我努力搭建一个文化的平台。

网络技术为教育教学的改革与发展描绘了一幅美丽的图景，开创了一条崭新的通道。同样，网络也为班集体文化建设添注了无限的活力。

师生、家长一起动手建立班级文化，通过发挥集体协作的精神，集中集体的智慧来增强集体意识。建立班级 QQ 群、微信群、家长委员会。灵活设置了诸多栏目，有班级故事、班级简介、班级公约、班级目标、学习园地、知识窗、队员之家等。另外，还开通了"家长亲子热线"，并开设了"成长不烦恼"专栏。

用文化治班，科学育人，让文化成为润泽孩子心灵的重要手段，让教室承载着丰满的梦想，让班级具有深刻的文化内涵，让每个学生徜徉在诗意的林荫道上，让孩子们嗅闻一路清香。

在多年的教育教学工作中，我努力营造一个共同体的环境。

真实美好的教育，应着力于建设生动活泼的班级共同体文化。建立班级图书角，使整个班级弥漫着浓浓的书香，建设团结向上的精神环境文化。成立班级室内交响乐团、班级亲子足球队，开辟独具特色的班级文化角、班级风采展示窗，编写班歌、设计班徽……从而增加班级的凝聚力，使班内的学生更加团结，更加友爱，更加阳光。

让每一位学生都得到尊重，不放弃任何学生，让他们在平等的、共生的、关爱的环境中成长，这样，学生就会学会尊重他人、温暖他人、倾听他人、回应他人，才会真正学会成长，在未来的公共生活中组成一个充满温暖和关爱的世界。形成学习共同体是在改变整体的教育生态，学生们每天都在与自己对话、与他人对话、与世界对话，只有这样的教育生态培养出来的学生才能真正成为优秀的学习者。

在多年的教育教学工作中，我努力构建一个成长的乐园。

以学生"游玩"这一特殊文化生活为载体，创造性地开展系列活动，使班级真正成了学生快乐成长的精神家园，成了展示学生生命价值的平台。

在班级开展丰富多彩的学科研究活动：英语沙龙、数学七巧板、科学小实验、古诗词诵读活动、班级擂台赛已成为班级文化建设的一道亮丽风景。

在定期开展各种主题班会、主题文化活动、节日文化活动、时尚文化活动的基础上，还形成班级俱乐部文化，成立班级小记者站，以及书法、绘画、棋类、球类等各种形式丰富、学生喜闻乐见的俱乐部，每周开展俱乐部活动，搭建学生更多展示才能的舞台。师生在《班级故事》中记录共同成长中的点点滴滴，让活动效果诉诸笔端，镌刻心灵。

在多年的教育教学工作中，我努力成为一个讲故事的高手。

丹尼尔·平克提出了著名的"决胜未来的6大能力"之一就是故事力。会讲故事的老师风趣幽默，更有人格魅力，更容易受到学生的欢迎，更容易建立良好的师生关系。在工作中，我采用"故事管理法"，当学生之间发生矛盾的时候，我就给他们讲《苏轼和佛印的故事》；当学生传闲话时，我就给他们讲《鸟儿传话的故事》；当学生脾气暴躁时，我就给他们讲《钉钉子与拔钉子的故事》……就这样，遇到不同的问题，就用不同的故事引领学生自省，以达到学生自我教育的极佳效果。

让学生在故事中对生活产生关注，融入情感，在矛盾中自我反思、自我成长、获得启示，给学生"被单调化"的学习生活注入了鲜活生动的趣味。

在多年的教育教学工作中，我坚持倾注笔尖一份流淌的爱。

我会利用一切契机，用一颗饱含爱意的心，执一支幸福的笔，为学生写下一句句充满着欣赏、关爱、期待和鞭策的评语，写下一封封情感真挚的书信，开启和学生心灵交流的窗口，在他们幼小的心灵里种下希望和自信。

……

27个岁月更迭，27个寒来暑往，27年的初心不改，27年的孜孜以求，风雨兼程中，我学会了执着睿智的可贵，相信了梦想追求的无限力量……

和孩子们玩在一起，乐在一起，活在一起，孩子们个个品学兼优，活出了他们最美的样子。省市优秀少先队员、全国作文大赛一等奖、参与隶属新华社的《时事新闻课》的节目录制、做客省广播电台直播间……全国写作教学示范班、全国动感中队、省市优秀中队……班级里捷报频传，而我庆幸我是个孩子，我确信，我永远是孩子。

回首和孩子们相处的瞬间，犹如春日里窗外片片叶子日渐浓绿；正午明媚阳光的照耀下，闪耀着生命独有的新鲜与明艳。

引领孩子们成长的过程，仿佛窗外树叶那曾经浓绿的色彩已然凝结成希冀的橙红，随风曼舞。

这些或温暖的橙红，或执着的翠绿，各自的色彩浸染在流年岁月中。

风景里的记忆和色彩相视默默，描摹出我多彩的真实而美好的教育人生！

李春梅

2022 年 3 月 23 日

第一章
让爱真实发生

没有爱的教育将会使教学枯燥，像山泉枯竭一样。

——陶行知

教育是植根于爱的。

——鲁迅

　　孩子不是学我们说了什么，甚至不是学我们做了什么，而是学我们真正是什么样的人。当我们读懂了孩子的心，让无条件的爱真实发生，让平等的尊重、深刻的理解、"容错"的悦纳、心灵的沟通、精神的激励……时刻充盈孩子身旁，孩子们自然而然地会向善、向美发展，更会给我们带来无限快乐，更重要的是他们会把疲惫中的我们重新引入真、善、美的世界。

　　教育不是神话，也不是传说，它是永久的守望和永远的行动！

　　教育不是一场赛跑，而是一次旅行，因为有爱，所以勇敢出发！

第一节　用心打造一间神奇教室

一间教室能给孩子们带来什么，取决于教室桌椅之外的空白处流动着什么。我要努力让原本局促和狭隘的教室显得很大，我要用行动证明一间教室的容量可以是——无限！

用心打造一间这样神奇的教室，这间教室的四壁是自然风物，春可观潭中游鱼，夏可赏湖心绿莲，秋可邀飞霞红叶，冬可寻淡梅白雪。一言一语皆是心境，一举一动皆是美好，我和孩子们一起成长！

一名教师，只有将全部身心安置在最好的状态，才能与孩子温暖相拥于一间这样无比神奇的教室；

一名教师，要经过无数修炼才能逍遥无碍，以其自在的灵魂打造一间这样自由的教室；

一名教师，要经过无数尝试才能荡涤心胸，以其广阔的胸怀塑造一间如此润泽的教室；

一名教师，要学会在忧伤中静思，在静思中疼痛，在疼痛中忍耐，在忍耐中等待。

爱要学会失望、包容、执着地付出和耐心地等待。一粒貌不惊人的种子，往往隐藏着一个花季的灿烂；一条丑陋的毛毛虫，可能蜕变成为一只五彩斑斓的彩蝶；因为等待本身，就是一桩奇迹！

在爱中品味爱的甘美

如果一个孩子生活在批评之中，他就学会了谴责。

如果一个孩子生活在敌意之中，他就学会了争斗。

如果一个孩子生活在恐惧之中，他就学会了忧虑。

如果一个孩子生活在怜悯之中，他就学会了自责。

如果一个孩子生活在讽刺之中，他就学会了害羞。

如果一个孩子生活在鼓励之中，他就学会了自信。

如果一个孩子生活在忍耐之中，他就学会了耐心。

如果一个孩子生活在表扬之中，他就学会了感激。

如果一个孩子生活在接受之中，他就学会了爱。

如果一个孩子生活在认可之中，他就学会了自爱。

如果一个孩子生活在分享之中，他就学会了慷慨。

如果一个孩子生活在真诚之中，他就学会了头脑平静地生活。

如果一个孩子生活在承认之中，他就学会了要有一个目标。

如果一个孩子生活在诚实和正直之中，他就学会了真理和公正。

如果一个孩子生活在安全之中，他就学会了相信自己和周围的人。

如果一个孩子生活在友爱之中，他就学会了这世界是生活的好地方。

▶ 美丽的初相见

教育初衷：

希望孩子们在入学之初就有归属感，让他们可以更快地进入一个全新的环境，尽量减少入学之初的局促和不安！每一次精准叫出孩子们的名字时，会让他们惊叹；准确了解他们的兴趣爱好时，会让他们惊叹；甚至每一次俯身和他们看平行世界时，也会让他们惊叹……这些惊叹就是孩子们在集体中体会到的幸福感！打破孩子们恐惧上学的壁垒，为孩子们的童年生活涂上温暖的底色。新的学习，新的征程，可以和所有家长朋友们、可爱的小朋友们一起携手，同行在开满鲜花的教育之途、生命之旅！

具体举措：

1. 一声亲切的问候

每次迎接新生时，我都会微笑着站在班级门口，俯下身对陆续前来的小可爱说："你好，我是李老师！你叫什么名字呀？"通过他们回复的状态，来判断其性格特点，温婉可爱、活泼开朗、内敛羞涩……这样就及时有效地掌握了孩子们的第一手材料。这些孩子在你面前就不再是陌生的、停留在纸上的一个个简简单单的名字，而是立体的、生动的。

2. 一次温暖的握手

和孩子们问好之后，我会主动伸出手，对孩子说："很高兴见到你，欢迎你加入吉大附小这个温馨的大家庭。"良好的师生关系就在这大手握住小手的瞬间悄然建立。

3. 一种诗意的解读

握手的时候，我会将孩子的名字用诗意的方式进行解读。比如叫"胡艺馨"的女孩，我会说："德艺双馨胡家女，吉大附小绽异彩。"叫蔷薇的女孩，我会说："水晶帘动微风起，满架蔷薇一院香。"叫悦心的女孩，我会说："山光悦鸟性，潭影空人心。"……这样就会将孩子的名字深深地烙印在自己的心里，就可以很快地记住班级孩子的名字。

4. 一张难忘的照片

成长需要仪式感，所以在和孩子们的第一次见面后，我都会给每个孩子在精心布置的黑板前拍下照片留念。这是他们入学的第一张照片，也是他们开启小学生活崭新的起点，更是他们生命长河中最值得铭记的日子。

5. 一次用心的铭记

和孩子们第一次见面后，我会让家长给孩子录制自我介绍的短视频，介绍自己的名字来历、性格特点、兴趣爱好等，以便及时掌握孩子们的第一手资料，为后续良好的教育打下基石。通过视频介绍，将第一次见面时拍好的照片传给每个家长，建立良好的家校沟通的桥梁。

通过反复观看照片和视频介绍，加深对孩子们的了解，用心铭记每个孩子的名字。在学生正式开学前记住学生的名字对良好的师生关系的建立至关重要。

6. 一份珍贵的礼物

孩子们上学的第一天早上，我将家长传给我的孩子自我介绍的视频内容转化成精美的文集——《美丽的初相见》，写好寄语，配上孩子入学的第一张照片，在早上6：00传到班级群里，作为学生们开启小学生活的第一份温暖的礼物！

后期由专业的家长制作成集视频、音乐、自我介绍于一体的珍贵的电子相册留存在孩子的生命长河中。

家校沟通：

各位家长：

早上好！

我很用心地观看了孩子们的自我介绍视频，它们各具特色，超级精彩！我也更深入地了解了每个孩子的性格特点和兴趣爱好。昨天匆忙中给孩子们拍了照片，今早已根据照片和视频反复细心比照，分别将这些照片和视频传送给孩子们。但因照片中表情、服饰、姿态等与视频自我介绍存在很大差别，给我的辨别增加了难度，再加上我这上了年纪，老眼昏花，如果识别错误还请见谅！还有的因不是微信好友，所以无法将照片和视频送出。昨天拍照时，匆忙中遗漏了一名同学，周一补照，并修改好图（黑板已擦）后送宝贝回家！万分抱歉！还有几名识别难度太大的，请自行认领后，回传我一张照片，以便我与孩子尽快熟识！为优秀的家长们和可爱的孩子们点赞。

李老师
2019 年 8 月 17 日

各位家长：

　　早上好！

　　孩子们的新学期礼物已新鲜出炉！我这样做的初衷就是想让孩子们在入学之初就有归属感，让他们可以更快地进入一个全新的环境，尽量减少局促和不安！让他们在惊叹老师可以叫出他们的名字、了解他们的兴趣爱好中体会满满的幸福感！给孩子们的小学生活抹上温暖的底色！因连夜奋战，加之系统罢工，疏漏之处敬请见谅。我们都该在孩子的生命长河中努力给他们留下些什么。爱与温暖是我首先要给予他们的。新的学习，新的征程，愿和所有家长朋友们、可爱的小朋友们一起携手同行在开满鲜花的教育之途、生命之旅！

李老师

2019 年 8 月 18 日

各位家长：

　　《初见的美丽》，在专业技艺精湛的邹昊辰爸爸的精益求精的制作与刘禹辰妈妈极具审美的音乐选择的完美对接下，为我们留下了极为珍贵的孩子成长的足迹！我想到可以很完美，却没有想到竟如此完美！借此机会，向所有为孩子成长助力，为我们这个集体无私奉献，并极具智慧服务的所有爱心家长致以最崇高的敬意！

　　相信我们是一个可以将美演绎到极致的优秀的集体！真心地自豪和骄傲呀！我稍后马上传到群里！

李老师

2019 年 8 月 22 日

文集展示：

最美的遇见

2019 届七班

教师寄语：愿我们的每一次照面都如芰荷映水，是最珍贵而美丽的人间情分！愿你们生命中的每一天都值得以微笑迎接，以微笑包容，以微笑纪念和珍藏！

孩子们风采展示

01. 陈嘉蜜

老师好，同学们好！

我叫陈嘉蜜，今年 6 岁了。我喜欢游泳、读书、画画。很高兴成为吉大附小一年七班的成员。在未来的日子里，我们一起学习、成长、进步。谢谢老师，谢谢同学！

......

44. 邹昊辰

老师、同学们，大家好！

我叫邹昊辰，今年 6 岁了，我喜欢弹钢琴、机器人编程、阅读、画画。很高兴成为一年七班的一员，希望大家喜欢我。祝老师身体健康、万事如意，祝同学们好好学习、天天开心。谢谢大家！

结束语：

冥冥之中注定，

注定遇见。

遇见一些人，

一些事。

遇见，

真好！

家长回音壁：

熠熠生辉的李老师已经靠名气和才华成功地圈粉了小朋友们和家长们，但是她居然还这么敬业，悄悄地在家长会之后开学之前，为她的孩子们准备了开学第一天的礼物。在清晨6点多看到这本文集的一瞬间我热泪盈眶，李老师是怎样不眠不休地为孩子们准备了这样新鲜出炉的礼物啊！感觉到幸运的颢然宝贝和同学们将开启别开生面的小学生活。

——王颢然妈妈

李老师温馨、用心、细心、耐心、别具匠心的班主任工作，安慰了"小豆包"家长们忐忑的心。感动！但也要注意身体啊！同时感谢为班级工作积极奉献的家长们！

——赵芸熙妈妈

感谢李老师为这个大家庭的辛苦付出，从第一天开始就已经废寝忘食，全身心投入到孩子的身上，让我们这些初来乍到的"小豆包"家长感到非常温暖，孩子在李老师这里家长一万个放心，我们一定会全力配合李老师，共同把我们这个集体建设得更美好。李老师也要注意安排好作息时间，不要太辛苦啦！

——庄一帆爸爸

早晨一打开手机，就发现99条信息向我袭来，第一反应就是肯定出大事了。

再看看时间，从半夜11点到凌晨4点多，在我们陪着宝贝酣睡的时候，我们刚刚认识一天的老师竟然在为我们的孩子熬夜加油。才明白原来一切不是谣传，我们的李老师除了拥有那些奖励、称号、耀眼的光环外，真的像传说中一样爱着她的孩子们，进而爱着我们。

教师这个职业多么的不容易，偶尔的幸福，经常的误解，太多的五味杂陈。为了孩子们的进步和成功，我们的老师冲在了最前面。我忽然觉得当我在我的事业中披荆斩棘的时候，肯定不再有任何后顾之忧，老师不仅成就了孩子，也成就了我们。

感谢老师的这份深爱与坚守，我们也一定与您一起，用最大的热情给予孩子们最美好的童年。

——兰昊睿妈妈

▶ "爱心花语"信箱

教育初衷：

"爱心花语"信箱活动，就是给学生"长善"。长善这个词出自《礼记·学记》："教也者，长善而救其失者也。"利用及时的、有效的、学生喜欢而乐于接受的"长善"方式，对孩子的正确行为进行及时确认，触动孩子的良善之本，习而入心为惯。

集体生活中最重要的是环境育人，学生在一个充满爱的、和谐的、情情相融、心心相印的充满温情的班集体中，才能够彼此欣赏、彼此包容、彼此尊重、彼此关爱，才能够养成良好的道德品质和行为习惯，才能够成长为一个真真正正的、顶天立地的大写的人！

教育举措：

1. 亲手为孩子们制作一个精美的"爱心花语"信箱。

2. 让孩子在一天的集体生活中，用善于发现美的眼睛，聚焦到生活中的好人好事、美好温情的瞬间，用笔记录在彩色纸条上，写好名字，随时投入到"爱心花语"信箱中。

3. 利用每天最后一节自习课，进行抽奖，抽奖人由全班同学推选，共抽出 5 个奖项：持续保持优秀的、进步明显的、为班级争得荣誉的、关爱他人的……

4. 被抽中的 5 名同学将抽出纸条上写的爱心花语内容分享给大家。

5. 抽奖人、被抽中的同学、爱心纸条上的爱心天使均可获得老师颁发的"爱心成长天使"礼物，并拍照留念。

学生回音壁：

"爱心花语"信箱

薛梓莹

春天是个充满梦想、充满希望的季节。在这美丽的季节里，李老师精心为我们做了一个"爱心花语"信箱。因为李老师想让我们把内心的希望都化作五彩的纸条装入信箱里。

这个"爱心花语"信箱非常精美、别致，它披着绿色的外衣，点缀着粉红色的爱心，像是要参加舞会似的，它的身上贴着四个大字——爱心花语。这是李老师对我们的希望，我们要将爱心传递给别人。

"爱心花语"投递活动正式开始，同学们都将自己的希望和想对别人说的话语写在五彩的纸条上，然后投进信箱里，我也写了好几张。其中有一张是写给李老师的，我希望李老师能照顾好自己的身体，因为我看见她每天中午吃饭时都是站着吃，有时忙起来就吃一点儿甚至不吃。到了中午，李老师数了一下爱心纸条，大约有100多张了。啊！同学们的希望好多呀！我心里暗自猜想，同学们会对我提出希望吗？我会不会成为今天的幸运儿呢？多么希望自己能成为幸运儿呀！

终于盼到抽奖环节了，我和吴尚衡捧着"爱心花语"信箱，让那些进步大的同学和有爱心的同学上台抽奖。第一个抽的是王冬昊，他的手在信箱里面东摸摸、西摸摸，最后抽到了一张橙色的纸条，是幸运儿王馨毓。同学们依次抽纸条，场下的同学们高兴得喊了起来，都希望能抽到自己。

抽奖活动结束了，但是并没有抽到我，不过我一点儿都不失望，因为同学们开心我就开心。

快要放学的时候，我又精心地写好了八张希望纸条，投到了"爱心花语"信箱里，希望明天会有同学抽到它。

通过这次"爱心花语"抽奖活动，我明白了这个信箱充满了李老师对我们的爱和希望，也充满了同学之间的友谊，我突然觉得这个小小的爱心信箱在我手中变得好重好重呀！

▶ 心语特快专递

教育初衷：

教会学生拥有爱的能力，感恩教育尤为重要。拥有感恩之心的孩子，不会急躁、不会以自我为中心、不会怨天尤人。拥有感恩之心的孩子会比较平和、乐观、开朗、有责任感。

世界上最伟大的爱便是母爱。上学路上的叮咛嘱咐，生病床边的日夜守护，失意时刻的温暖拥抱……这些都在向我们诠释着这伟大的爱。在母亲节来临之际，班级举行的"心语特快专递"活动，让孩子们重温成长过程中的点点滴滴，感受母爱的无私与伟大。

教育举措：

1. 在母亲节这一天开展"世界上最伟大的爱"主题班会。

2. 结合学生妈妈的特点，给每一位妈妈颁发"最××妈妈"心语特快专递。

3. 让学生把这封"心语特快专递"送给自己的妈妈，并用自己的方式表达对妈妈的爱。

4. 母女或母子手执"心语特快专递"进行合照，分享到班级群里。

5. 老师在朋友圈晒学生们的幸福。

内容展示：

心语特快专递

尊敬的＿＿＿＿＿同学的妈妈：

　　您好！

　　祝贺您在小精灵之家"最佳妈妈"评选活动中被评为最"＿＿＿＿＿"妈妈。

　　感谢您一直以来给予我们的无私关爱。

　　祝您母亲节愉快，永远年轻美丽！

永远爱你的小精灵

2016 年 5 月 8 日

老师朋友圈活动感言

　　晒晒我们班的幸福妈妈和可爱的小精灵们！

　　在今天这个特殊的节日里，这些可爱的宝贝们或亲自下厨，或亲手制作礼物，或用自己积攒的零花钱给妈妈买礼物……爱是行动！他们用自己独有的方式表达着对妈妈的无限爱意！这些亲密的母子或母女合照中氤氲着爱的芬芳！让孩子们学会爱是他们一生的必修课！

活动中彰显教育智慧

　　教育的艺术应着眼于学生的未来发展，应着重于学生的生命成长。

　　一名优秀的教师，不会在学生出现问题后疾风骤雨，而会淡定从容地引导学生知善而行。

一名优秀的教师，不会在学生陷入困难时冷眼旁观，而会与学生携手同行共同面对。

一名优秀的教师，不会是围追堵截般的一曝十寒，而会和风细雨地巧妙疏导。

一名优秀的教师，总能巧妙地拨动学生的心弦，与学生同频共振，促使学生自我感悟、自我内化、自我成长，进而达到最佳的教育效果。

一名优秀的教师，之所以优秀，就在于她有足够的智慧，能从平常的生活中发掘出一个个引人入胜的活动，这样才能带给孩子们一个又一个惊喜，创造出一个又一个奇迹！

让教育，走在学生发展的前面；让活动，引领学生的幸福成长。好的教师，应是学生生活中的伴行者、成长中的引路人。

▶ 充满欢乐的新学期

教育初衷：

好的童年将是学生一生的财富，努力让学生成为快乐的人，拥有幸福的回忆，采用快乐的教育方式是我努力的方向。

开学之初，采用"抽取幸运红包"的方式，在欢声笑语中为学生打开快乐之门，让学生迎接快乐，尽情拥抱快乐。我希望我的学生在学校生活的每一天都充满阳光，充满欢笑。

快乐的孩子未来的人生必定充满幸福。这种乐观的心态，会让他们感受到世界的多彩；这种乐观的心态，会让他们与有缘人相互扶持；这种乐观的心态，会让他们即使身处最阴霾的日子里，也能坚守温暖而有生命力的品质。

教育举措：

1. 开学前，精心设计幸运红包的封面图案和内容。因为是猴年，所以红包的封面是可爱灵动的小猴子以及2016年的艺术字，配上了"惊喜多多、欢乐多多"的字样。

红包的内容如下：

凭本券在本学期内免做任意学科作业一次！（4张）

凭本券获得免做值日生机会一次！（4张）

凭本券获得和喜欢的老师合影一次！（5张）

凭本券可选择一个班级岗位，实现你为大家服务的心愿，为期一周！（4张）

凭本券获得精灵讲堂机会一次，主题不限，自由开讲！（5张）

凭本券你可以自由选择一名同学作为同桌，为期一周！（5张）

凭本券获得代表三年一班领奖机会一次！（4张）

凭本券获得"乾坤挪移大法"，可指定两位老师互讲对方任课一次！（1张）

凭本券获得代替老师布置作业机会一次！（4张）

凭本券获得替老师授课机会一次（课程任选）！（4张）

凭本券可更改李老师微信头像为与我的合影，为期一周！（1张）

凭本券可请任意一位老师在班级表演节目一次！（2张）

凭本券可在班级中选择自己喜欢的座位一次，为期一周！（5张）

2. 在开学前精心画好黑板板报，写上"充满欢乐的新学期"八个大字。

3. 在开学第一天早自习进行抽奖活动，并为每个孩子拍照留念。

4. 帮助学生在一学期内一一完成心愿。

教师朋友圈感言：

1. 给孩子们一个充满惊喜的新学期！让孩子们快乐学习、快乐成长，为他们的人生涂上一抹温暖的底色！

2. 看着孩子们开心的笑脸，我心中仿佛开出了美丽的花儿！宝贝们，快乐的新学期开始了，你们准备好了吗？

3. 奇达宝贝今天实现了新学期抽中的红包愿望——把我的微信头像更改为我俩的合影，为期一周！有机会和文学才子小帅哥合影好开心呀！

4. 终于在学期结束前，完成了这个执着地、不停地催促我实现她的红包愿望——"选择喜欢的老师表演才艺"的可爱女生的心愿。为了完成这个心愿，我偷偷练了整整一学期的舞蹈，特意租来了美丽的演出服，舞蹈一定不完美，但是带给学生的快乐和幸福，一定是真实可感的，烙印于心的。不过，下次我得好好设计爱心红包愿望的内容了！哈哈！

家长感言：

想到了《窗边的小豆豆》里的小林校长，谢谢李老师！

——王馨毓妈妈

学生回音壁：

快乐的新学期

薛梓莹

开学啦，开学啦！今天，阳光明媚，小鸟在枝头上歌唱，我迎着朝阳一路开开心心地来到了学校。

到了班级，老师给了我们一个大大的惊喜，黑板上写着八个大字——充满快乐的新学期。讲台上摆着"新学期无限惊喜"信箱，上面写着：幸运小精灵，猴年我最行。

老师在箱子里放满了红包福袋，让我们猜猜袋子里装的是什么？有的同学猜是老师给同学们新学期的祝福语，有的同学猜是老师给同学们的假期表现评语，还有的同学猜是老师给每个同学的书签……老师说："那你们就摸摸看吧！"老师让康嘉元和王泰然捧着信箱，我的心里兴奋极了，高兴不已。我们依次到箱子里抽红包，我的手在箱子里东摸摸，西摸摸，最后拿了一个最底下的红包，我心想最底下的红包一定是最好的。我迫不及待地打开红包，上面写着：祝贺你获得 2016 年新学期开学大礼，凭本券可请任意一位老师在班级表演节目一次。太好了，太好了！我必须好好想一想到底让哪位老师为我们表演呢？

一件令我难以忘怀的事

薛梓莹

生活在多彩的世界里，我们一定经历过许多事，快乐的、有趣的、难忘的、感人的，还有令人振奋的……但只有这件事令我印象最深刻，至今难以忘怀。

我还清晰地记得，三年级开学时，李老师给了我们一个大大的红包惊喜，我抽到的红包愿望是——选择让你喜欢的老师表演才艺。我思考着，李老师写作好、朗读好，那就请她给同学们跳一段舞蹈吧。于是，我就再三催促她，但是李老师总是"找借口"说："我还没准备好呢；我今天太忙了；再给我几天时间吧……"一直等到期末了，我的愿望也没有实现，看见其他同学和她合影的愿望都一一实现了，我心想：李老师是骗我的吧，这都期末了，我的愿望还没有实现。

就在放暑假的前一天，李老师正在帮我们分析试卷，我心想：唉，这都最后一天了，李老师还没有完成我的红包愿望，真是彻底没有希望了。讲完卷子后，李老师让我们休息一下，只见她快速地跑出教室，我疑惑不解，李老师到底干什么去了呢？

这时，门被轻轻地推开了，走进来的是一位穿着金光闪闪的连衣裙，戴着银色头饰的女人，我定睛一看，这不是李老师吗？伴随着美妙的音乐，李老师为我们跳了一支优美的舞蹈——《天竺少女》。那优美的舞姿、灵活的动作、迷人的眼神，仿佛与音乐融为一体，令同学们都陶醉了。这对于一位语文老师来说，需要多大的勇气啊！

这是李老师为了完成我开学初的红包愿望而精心准备的。我一直微笑地看着李老师的舞蹈，泪水已从脸庞流了下来，我跑上了舞台，紧紧地抱住了李老师……

　　虽然这件事已经过去很久了，但李老师为我们付出的一切，我们都无法忘记，她的爱是那样伟大、那样无私、那样真诚……

▶ 特色活动助力成长

　　深入践行我校"润育心灵，激发潜能"的教育理念，引领自己中队队员向着求真尚美、励志笃行、静心修德、睿智进取的目标一路前行！

　　我们中队有一个充满动感和诗意的名字——精灵中队。

　　"到中流击水，浪遏飞舟"，精灵中队本着"快乐锻炼，健康成长"的理念，积极组织队员进行丰富多彩的体育活动，晨跑、跳绳、篮球、羽毛球、乒乓球、单杠、游泳……队员们各有所长，各有所好，不仅在运动中提高了身体素质，丰富了课余生活，同时培养了集体观念和团队精神，磨炼了意志品格。

　　我中队还积极开展了"红领巾小健将""亲子足球队""迷你体活课""家庭运动打卡"等活动。

　　（1）中队组建了自己的亲子足球队，坚持每周一次的亲子足球赛，增强家长和孩子间的良性互动，培养队员们不骄不馁、永不言弃的运动精神。

　　（2）队员们在课间和午休时间，根据自己喜爱的体育活动分组活动，就像进行了一堂"迷你体活课"。单杠、跳绳和跑步不受场地和装备的限制，是大家兴趣最高的三个项目。

　　（3）在完成课业任务之余，队员们每天都在家自主、自律地进行体育锻炼，并坚持打卡分享。倒立、仰卧起坐、平板支撑、有氧操……我们秉承的是"不逐一时之功，但求持之以恒"的活动宗旨。

　　"鸟欲高飞先振翅，人求上进先读书。"精灵中队始终以"亲近书本，乐于思考"为宗旨，通过布置教室读书角、亲子共读、名家名著读后感分享、讲书等活动，积极营造书香缕缕润身心的快乐读书氛围。持之以恒的读书活动不仅激发了队员们的读书热情，活跃了中队文化，还在潜移默化中提高了同学们的写作水平。

中队始终坚持开展"红领巾小书虫"活动：坚持每天读书，定期交流读书体会，勤思考，多练笔。

（1）定期开展主题读书活动。队员们就同一个主题自选书籍进行阅读，了解作者创作背景，摘抄精彩词句段落，绘制思维导图。在中队读书分享会上互相交流和讨论读书心得，再就经典章节进行仿写。阅读名著后的讲书活动将学生的阅读引向深入。

（2）定期开展诗词大会。诗词经典承载着中华民族五千多年的文化内涵。中队将诵读诗词经典作为读书活动之一，并定期组织队员们进行唐诗宋词小讲堂、四书五经接龙赛等趣味活动，营造传统文化氛围，在潜移默化中帮助队员们将经典古诗词内化于心、外化于行。

在"第十三届全国青少年冰心文学大赛"中，班级孩子全部入围初赛，并在复赛中成绩斐然，在北京总决赛中再创佳绩，我们中队被评为"全国写作示范班"，我被评为"全国写作示范教师"，被聘为全国青少年冰心文学大赛吉林省名师工作室主持人，全国青少年冰心文学大赛吉林省初赛、赴京选拔赛及吉林省首届"初荷杯"十佳少年作家作文大赛评委。

"满眼生机转化钧，天工人巧日争新。""玩转科技，创造奇迹"是小精灵创客的口号。队员们在"玩"中探索和发现科技的新奇和有趣，并展现无限的创造力。作为中队辅导员的我，鼓励并指导队员们参加科技大赛、创客大赛，牛刀小试便屡获佳绩。

"纸上得来终觉浅，绝知此事要躬行。"我始终认为：社会是最好的课堂，爱心是最好的教育。所以我经常带着队员们参加各种社会实践活动。在《长春晚报》组织的"我是小报童"活动中，队员们卖出报纸的所得收益全部捐献给了贫困山区的孩子们。

"歌以咏志，诗以传情。"精灵中队成立了自己的乐队，组建了自己的配乐朗诵团队。在中队活动中，队员们真正领略到了音乐之美、诗歌之韵！尤其是在革命歌曲的旋律中，队员们更加懂得了现在美好生活的来之不易，理解了少年先锋队队员肩负的神圣使命，萌发了热爱祖国、热爱家乡的情感。

刚刚送走的毕业班级，在毕业前参与校内外各种公开课达二三十节，中队 46 名学生都和我参加过广播电台节目的录制，还两次参与了隶属新华社的"时事新闻课"的节目录制，中队获得了"市优秀班集体""全国动感中队""全国写作示范班"等殊荣。

现在所带的中队，也取得了骄人的成绩，孩子们在各项赛事中成绩喜人，这些成绩虽然成为过去，但可以鼓励、鞭策我们，迎着风雨，逆风飞翔。我相信我们中队的每一个队员都像精灵一样，齐心合力，手拉着手团结在一起，用笑容迎接每一天，用自信挑战每一刻，快乐学习，快乐生活，快乐成长！

我是小报童

吉林大学附属小学 二年一班 康嘉元

今天的天气真好，蓝蓝的天空飘着几朵白云。杨树的种子随风飘舞，好像漫天飞舞的雪花。

我既高兴，又很期待……因为我要去南湖公园义卖报纸。我和爸爸妈妈很早就起了床，急急忙忙地吃完早饭就出发了。一路上，我的心里满是担心和疑虑：我卖报纸能卖多少呢？怎样才能卖得又多又快呢？不知不觉，我和爸爸妈妈就来到了南湖公园纪念碑下。

远远就看见几个熟悉的身影，吴尚衡、薛梓莹……他们早早地就来了。不一会儿，同学们陆续地来了。《长春晚报》的工作人员告诉我们，这次卖报纸的目的是给灾区儿童捐款。听到这些，我更加坚定自己要多卖报纸的决心。

穿上报童的衣服，我们开始卖报纸了，我希望我卖的钱是全班最多的，于是，我就带着这个希望和何奇达一起卖报。当我们走在路上卖的时候，我发现卖报可不是我想象得那么简单……当我第一次鼓足勇气向对面的大哥哥小声地说"为灾区儿童捐款，请您买一份报纸吧！"的时候，我感觉自己的脸比猴屁股还要红，心里也七上八下的，不知大哥哥会不会买。大哥哥看了看我，然后微笑着拿出一元钱说："小弟弟，你的报纸一定会卖得又快又好的。"听了大哥哥的话，我变得勇敢了，开始自信从容地卖每一份报纸。一路跑着，一路叫卖，报纸卖得越来越多。有时候也会被别人拒绝，那滋味可真不好受啊！心里酸酸的，好像要哭了一样。

最后一份报纸真难卖，经历了很多次拒绝之后，我发现湖边有一位漂亮的阿姨，于是我来到阿姨面前，熟练地向她推销报纸。阿姨看了看我，说："你怎么知道我会买呢？"我支支吾吾、满脸通红地说了一个理由："因为您漂亮，您也会是一个有爱心的人！"阿姨咯咯地笑了起来。她从包里拿出一个蝴蝶样的钱夹，在里面翻找着零钱。我直直地盯着她的手指，可是阿姨告诉我，她没有零钱，没有办法，买不成了。我心里失望透了，但还是面带笑容向她道谢。正当我们失望转身离去的时候，阿姨微笑着叫住了我，然后把钱包里二十元钱都给了我，还摸着我的头表扬我有勇气、有爱心。听着阿姨的话，我心里也是美滋滋的。

虽然又累又热，但我特别开心！我们把报纸都卖完了。我和何奇达蹦蹦跳跳地唱着"卖报歌"回到集合地点。我们数了数，卖报纸的钱一共是71.20元。我们应该是班级里卖得最多的吧。

我想，我们有这么"丰厚"的回报，是因为我们走得较远，不怕辛苦；我和小伙伴团结协助；我们还去那些人多的地方，对别人说话有礼貌，所以卖得又快又好。回到集合地，李老师分别给我俩一个大大的拥抱，我心里更美了！最后我和何奇达一起把钱郑重地投入捐款箱。

今天这次活动，我收获很多，自信、勇敢！我能用自己的付出，去帮助需要帮助的人，我觉得很快乐！

南湖公园义卖报纸活动家长感言：

◎ 童思嘉妈妈：

这是一项特别好的活动。童思嘉从刚开始不敢与人交流，到后来可以大胆主动地去和陌生人沟通，极大地锻炼了孩子与人沟通的能力，最后还卖给李老师一份报纸，孩子特别开心。通过这次活动，增加了孩子的自信心，感谢李老师，感谢这么温暖的集体和热心可爱的家长们！

◎ 何奇达妈妈：

感谢李老师组织这么有意义的一次活动，给孩子们提供这样难得的机会锻炼自己。能够深入社会参加实践活动，是孩子们平时生活中极其缺乏的，这是孩子们一次难得的心灵交流。通过活动，锻炼了孩子们与外界的交流和沟通能力，极大地提高了孩子们的情商。这次活动极其成功！感谢李老师！您放弃了休息时间陪伴孩子们成长。您辛苦了！

◎ 王冬昊妈妈：

感谢李老师利用周末休息时间领孩子们过了一个这么有意义的儿童节！对于孩子们来说，这是一种收获，也是一次历练，更是一次难得的非课堂上的学习体验！孩子们难忘如此有意义的经历，家长们也铭记老师的良苦用心！再次感谢可爱可敬的李老师！同时也感谢温暖幸福的二年一班大家庭的每位热心家长！

◎ 唐嘉泽妈妈：

感谢老师给了孩子们锻炼成长的机会，更让孩子们明白通过自己的力量来帮助别人是一件多么快乐的事情！看着这一张张的笑脸，看到那些跑来跑去的身影，我的心也跟着醉了。孩子，加油！

更感动于老师和爱心家长的付出，给予孩子的鼓励。相信我们的班级会越来越好！

◎ 王钰博妈妈：

这次活动给孩子提供了一个锻炼自我、挑战自我的机会。让他们真切地感受了社会，体验到成功的艰辛与喜悦。感谢李老师给孩子们提供这样好的机会，而且牺牲休息时间，亲力亲为地卖了好多份报纸。

◎ 王泰然爸爸：

有公益心，把志愿服务精神融入孩子的生活，是孩子成长中的宝贵财富，感谢老师和爱心家长！

◎ 康嘉元妈妈：

谢谢李老师周末放弃休息带孩子们参加这么有意义的活动，孩子们不仅提升了交往沟通的能力，也体验到了成功的喜悦，收获了自信，这对孩子们来说都将是终身受益的。在孩子们成长道路中，这也一定是最美的脚印！李老师，敬佩您！谢谢您营造的这个温暖、向上、充满无限魅力的二年一班。

◎ 刘泽罡妈妈：

感谢老师为孩子们准备这次有意义的活动，让孩子在活动中体会到付出与收获、关怀与爱心，锻炼了与社会接触能力，收获了自信，懂得了珍惜！

◎ 梁家源妈妈：

这次义卖活动，极大地提升了孩子们与人沟通的能力，由开始时的不敢张口说，到小声说，再到大声地表达，孩子们学会了如何与陌生人沟通；也培养了孩子们不放弃不退缩的品质，由开始时被拒绝后的沮丧，到后来即使被回绝也不气馁地坚持，终于成功卖出一份份报纸，孩子们在一点一滴地成长！感谢李老师为咱们班集体的辛勤付出，也由衷地感谢每位爱心家长！

◎ 靳陶然妈妈：

太有意义的活动了！孩子们在过程中锻炼了自己又获得了强烈的满足感，很难得！谢谢老师的付出！

◎ 李欣洋妈妈：

今天的义卖活动很好！孩子能与陌生人联系，迈出了第一步，虽然被很多人拒绝，但还是在妈妈和老师的鼓励下卖出了人生的第一份报纸，可惜手机没电没留下和老师的珍贵合影。剩下几份报纸免费送给了垃圾清扫工、修鞋邻居，还有一份免费也没人要的，孩子说卖给爸爸吧，后来将卖出的六元五角钱捐献了。事后孩子总结说，妈妈我们选错客户了，应该选年轻人，老年人大多都订报了，钱真不好挣，以后不能乱花钱了，挣钱得动脑筋并且有勇气，不怕挫折！这次活动真有意义，感谢李老师还有热心的家长们！

◎ 田馨歌妈妈：

从孩子去给李老师的拥抱，欢呼老师到来开始，再看这些精灵们满载而归……活动的一点一滴都让我们感动着，感谢可亲可敬的老师为孩子无私付出，感动着有爱心传递，注视孩子一点点成长……希望老师健康快乐。

◎ 薛梓莹妈妈：

这是一次非常有意义的社会公益活动，不仅让孩子们体会到了赚钱的辛苦，也感受到了为有需要的人献出爱心的那份喜悦，虽然也遭遇到多次拒绝，但孩子们并没有灰心，也没有放弃，通过自己努力收获了成果。最后回到南湖公园，看到孩子和李老师深情的拥抱，让我真正体会到了老师的爱和鼓励是对他们最好的奖励。感谢李老师牺牲自己的休息时间，为孩子们创造这有意义的活动。

◎ 杜祖瑶妈妈：

感谢李老师给孩子的特殊的儿童节礼物，这次活动是任何物质上的礼物无法超越的，相信在孩子们的成长过程中也是一次终身难忘的经历！再次感谢李老师！

◎ 白昊洋妈妈：

感谢李老师组织这次爱心义卖活动，让孩子过了一个有意义的儿童节！希望孩子在老师和家长营造的爱心大家庭里快乐成长！

◎ 荣庆鹏妈妈：

当庆鹏被人拒绝后，回头看我那一瞬间，他满脸通红，我走上前去，问他心情，他说委屈、难过、不好意思，还没等我宽慰他，他又马上飞奔向迎面走来的路人，我能感觉到他的成长与慢慢蜕变。感谢孩子们发自肺腑、热烈欢迎的李老师，感谢为这次活动圆满成功幕后默默奉献的曹雅衡爸爸妈妈及所有家长们！

◎ 刘乐琪妈妈：

衷心感谢李老师牺牲个人休息时间为孩子们组织的这次令人难忘的义卖活动！孩子在活动过程中提高了沟通表达能力，增强了自信心，对献爱心也有了更深刻的体会！谢谢李老师，您辛苦了！也谢谢热心的家长朋友们！

◎ 杜冠群妈妈：

这次义卖活动真是太有意义了，孩子们的收获特别大，在体验中得到锻炼，让孩子们体会到了赚钱的不易。特别感谢李老师为孩子们提供这样好的锻炼机会，牺牲休息时间送给孩子们这样有意义的六一儿童节礼物！

◎ 齐昶闻妈妈：

通过参加这次公益活动，才发现孩子的另一面，由腼腆不敢上前去卖，到鼓足勇气说出"叔叔买份报纸吧，谢谢"，成功卖出第一份报的喜悦，迈出了挑战自己的一大步。我也为他骄傲。顺利卖出第二份、第三份后，卖第四份时无数次地遭拒，孩子开始不安、抱怨，甚至有些情绪化。通过启发他，改变策略，我们决定到公园门口的停车场去卖，成功地卖掉了余下的报纸。和儿子一起完成了任务，我的成就感油然而生。最后感谢李老师为孩子们提供这样一个平台，还用自己的休息时间来为孩子们加油鼓励，向您说声："李老师，您辛苦了！"

◎ 赵辰硕爸爸：

感谢李老师牺牲个人休息时间组织这次爱心义卖活动，让孩子过了一个有意义的儿童节！通过这次活动我发现硕果在陌生人面前还是有些胆小，不好意思。但是在我的鼓励下也变得好多了，从开始不好意思张嘴，到卖完十份报纸只用了20多分钟是不小的进步。这项活动既锻炼了孩子的能力，又让孩子学会了有爱心！希望有类似的活动孩子们可以多参加。

◎ 郑博韬爸爸：

非常感谢李老师牺牲个人休息时间组织的这次活动，让孩子了解生活的不易，让孩子知道拒绝并不可怕，坚持就能达成目标；孩子也明白还有人需要帮助，哪怕那份帮助看起来很微薄。

真的感觉孩子很幸运，能在李老师的班级度过快乐的小学时光，相信在李老师的谆谆教导下，二年一班的每个孩子都能茁壮成长。谢谢李老师的辛苦付出！谢谢每位老师的辛苦付出！

▶ 善于捕捉教育契机

英国诗人罗杰斯特说："我最怕／人们睁开眼睛／毫不惊奇／对白昼习以为常／活着／不追求童话的幻想／而出入诗句／像进修道院游逛／捕捉火烈鸟／为了烹炸下饭／逮住小金鱼／为了熬煮鲜汤。"

一个对教育细节都不产生兴趣、毫不惊奇的教师，是无法取得良好的教育效果的，也无法把学生带往他们可以到达的高度。我们的眼睛，不是缺少教育契机，而是缺少发现。

北宋文学家王安石云："古人之观于天地、山川、草木、虫鱼、鸟兽，往往有得，以其求思之深而无不在也。"我们是否有同样的"得"？

朱自清先生云："于一言一动之微，一沙一石之细，都不轻轻放过。"教育的契机，于平凡生活中，于平常事件中。

在日常的教育生活中，教师要善于捕捉教育的契机，因势利导，变生活为教育之机，这样才能事半功倍，收到意想不到的教育效果。

低年级孩子，审题能力薄弱，即使你耳提面命，却总是收效甚微，让老师们无力感倍增。如何帮助他们养成良好的学习习惯，提升他们认真审题的能力呢？目光无意中在日历的一个特殊日期定格。在这一天到来的时候，我给孩子们进行了一次别样的测试，孩子们不但从此审题能力倍增，而且还有同学在当天就把这一事件记录下来，一气呵成，写得出奇的好。没有经过任何改动，投稿意林《图解作文》杂志社，竟然发表啦，喜获自己写作的第一桶金。

一次别样的测试内容：

测验提示：孩子们，这是一次看你能否遵循指引的测试，赶快作答，因为你只有 15 分钟的答题时间，开始前，确信你阅读完测验上的每一个问题。当你全部完成 14 道问题，你可以轻轻把笔放下，去读一本书。祝你好运，并记得尽力而为。

1. 请将试卷从头到尾看一遍；

2. 在试卷的右上角写上你的名字；

3. 在你的名字下面标上汉语拼音；

4. 写出你最喜爱的五种动物的名称；

5. 请将你右脚的鞋子悄悄脱下来并放在桌子的左上角；

6. 写出你最喜爱的五种水果的名称；

7. 写出你最喜爱的五座城市的名称；

8. 请站起来，大步走到教室的讲台上，自信地背诵《春夜喜雨》；

9. 写出你最喜爱的五位同学的名字；

10. 写出你最喜爱的五首歌曲名；

11. 写出你最喜爱的五部电影名；

12. 写出你最喜爱的五首唐诗的题目；

13. 写出五个"认真"的同义词；

14. 不要做前面的 13 个问题，让试卷空着，把铅笔放下，保持沉默，看看你是否成了愚人节受愚弄的人。

学生回音壁：

愚人节

吉林大学附属小学　二年一班　吴尚衡

今天是愚人节，李老师给我们发了试卷，并一再告诉我们要认真审题、仔细答卷。因为有一定的时间限制，我都没仔细看测验提示，只看到"你只有 15 分钟的答题时间"，就急急忙忙地答卷了。

答到第 5 题时，我感到很奇怪，心想：李老师为什么出这么奇怪的题呀？——"请将你右脚的鞋子悄悄脱下来并放在桌子的左上角"。当我看到很多同学都开始脱鞋了，我也不假思索地脱下了鞋，把它放在桌子的左上角。李老师居然给我们拍照，难道她要来场鞋子比美大赛？

答到第 8 题，好多同学都快步走上讲台背诵《春夜喜雨》了。我也跟着他们上讲台了。我们边背边笑，下边"哈哈哈"的笑声很久没停。李老师只是微笑着给我们拍着照。

"李老师的葫芦里到底卖的什么药呢？"答到第14题，我突然像泄了气的皮球一样瘫坐在椅子上。

题目上竟赫然写着："不要做前面的13个问题，让试卷空着，把铅笔放下，保持沉默，看看你是否成了愚人节受愚弄的人。"

这时，愤怒声、喊叫声和责怪声纷纷响起。齐昶闻举着双手愤怒地挥舞着，唐嘉泽则不停地用手敲打着自己的脑门。

这时只听李老师笑着说："祝你们愚人节快乐！""乐"的尾音拖得好长好长。我再也忍不住了，急忙跑到李老师的身边说："李老师，你这是在愚弄我们吗？"

李老师语重心长地说："孩子，是我愚弄了你们吗？你们不是被自己愚弄的吗？"

听了老师的话，我恍然大悟，知道了以后答卷时一定要仔仔细细审题，再也不能像这次一样马马虎虎了。

我终于明白了李老师的良苦用心！

第二节　尊重学生犯错误的权利

作为教师，我们在潜意识中常常要求学生完美，认为完美的孩子不应存在一丝瑕疵，甚至剥夺了孩子犯错的权利。可人无完人，作为成人的我们尚且会犯错，何况在成长期的学生。更为重要的是，对于学生来说，错误与挫折才会使他们更快地成长。我们要树立"允许学生犯错误"的教育观，把育人当作一项长期的事业，用发展的眼光去看待每一位学生。当错误发生时，相较于斥责与无视，他们应该得到的是原谅与宽容。

有人说宽容是一种美德，是人性的光辉。在我看来，宽容更是教育的秘诀。惩罚是教训，宽容才是教育。我们应该用爱对焦每一个内心澄澈的孩子。

其实，有时学生的错误并不是有意产生的，是其在成长过程中的一时迷茫与不懂，作为教师的我们应在亲切和谐的氛围中进行恰当的引导，深入心灵帮助他们分析原因，帮助他们找到改正的方法，帮助他们实现自我成长。让学生明白，当错误发生时，相较于逃避我们更应该正视与和解。在每次犯错过程中，教会学生，从错误中反思与学习。真正的教育应该停下脚步，调整好自己的心态，把自己主观的想法放到一边，静下心来倾听孩子的声音，慢慢掌握孩子的自然成长规律，不慌不忙，静待花开，任由孩子的小手牵着我们的大手前进……

学生回音壁：

有爱的一课

吉林大学附属小学　　二年七班　　陈嘉蜜

那天，在学校我有了一个新的朋友，它是一只绿色、带着白色条纹的毛毛虫。它的头硬硬的，尾巴上有黑色的小刺儿，浑身毛茸茸的，看起来可爱极了。我给它取了个名字叫"可可茶"。

看到这么可爱的小动物，我担心一些调皮的男生会欺负它，我想：这么可爱的小动物，我为什么不把它带到班里呢？于是，我偷偷地将它带到了教室里。然而，当我得意洋洋地把"可可茶"介绍给我的同桌时，现在我还清晰地记得当时他那惊恐的眼神，他尖叫着冲出座位，飞奔着报告给了李老师。班级里顿时乱作一团。

李老师安抚了同学们后朝我走来，我并没有很紧张，因为李老师经常教导我们要有爱心、有同情心。所以，李老师第一次让我把它拿出去时，我没听。当时我想：李老师平常那么有爱心，总是教导我们善待每一个生命，这次也不会让我真的把小虫子扔出去的，所以我就没动。李老师第二次让我拿出去，我静静地看着老师，当时我想：李老师，您不是常说让我们爱这个世界，这个世界上所有的生命都是平等的吗？所以我还是没有动。李老师又一次耐心地让我把它拿到外面去，并且非常温柔地对我说："我知道你喜欢它，我也不希望它被踩死，但是毛毛虫可能会吓到胆小的同学，而且它的家在外面，到一个陌生的环境，它会不适应的。它的伙伴找不到它也会着急的。我们一起把它送出去，好吗？"我点了点头。李老师拉起我的手，陪着我，把毛毛虫放在了学校的花坛里，并且告诉我："外面的世界才是毛毛虫最好、最安全的家。"李老师还夸我是一个有爱心的孩子。我很开心，也很感谢李老师没有把"可可茶"扔出去，我觉得爸爸没有给我报错班，李老师真是一位有爱心、有耐心的老师。

下午放学，我找到了"可可茶"，把它带回家，放在了我的苹果树下。通过这次经历，我明白了我们要爱护小动物，但是不可以把小虫子带到教室里。以后，我要做一个更有爱心的好孩子！

第三节　让每个孩子都有归属感

惠施和庄子是魏王的好朋友。一天，魏王送给他们二人一些葫芦种子，说："你们将葫芦种子种到地里，谁种的葫芦大我奖赏谁。"为了能种出大的葫芦，惠施非常用心，天天都施肥、除草、浇水。而庄子并不是每天都施肥、除草、浇水。他只是经常来看看。过了不多久，惠施的葫芦苗一棵也没活，而庄子的葫芦苗不仅都活了，而且还长得格外好，最后结出了大葫芦，并得到了魏王的奖赏。

惠施很奇怪："先生，为什么我那么用心地栽培，所有的幼苗都死了，而你从来都不曾好好管理，反而长得那么好？"

庄子说："你错了，其实我也是在用心管理，只不过与你的方法不同罢了。我用自然之法，到地里看看，是看它们有什么需要，是不是快乐，而你却不管它们的感受，拼命浇水，哪有不死之理。不用自然之法，怎可得到自然万物的拥戴呢？"

育人和耕作有异曲同工之理，但育人既要讲究实事求是，更要敬畏教育的生态规律。教育的生态规律，首先就是因材施教，其次要平衡心态，切忌急功近利，急于求成，要学会敬畏，尤其要敬畏教育规律和儿童的身心成长规律。让玫瑰长得更像玫瑰，让橡树长得更像橡树。

教育的一点一滴都值得我们去细细推敲。敬畏是一种认识，更是一种情感与力量。

我们应用春风化雨般的师爱，温暖每一个孩子，照亮每一个孩子，唤醒每一个孩子，让每一个孩子都能在集体中找到归属感，乐观积极地面对生活，明媚自己的人生。

在每一个孩子的心田播种快乐，播撒爱的种子。就像阳光普照万物一样，我并不期望每一朵花都为之吐露芬芳，我所期望的是，那温柔的光线是否给了花儿最温柔的触摸!

我思，故我是蝴蝶……

万年后小花的轻呼，

透过无梦无醒的云雾，

来震撼我斑斓的彩翼。

学生回音壁:

周义钧，你真棒!

吉林大学附属小学　五年一班　周义钧

我一直认为我的缺点很多，如写字慢、爱说废话、玩心重……因此，我一直很自卑。我一直认为，几乎不会有人喜欢我。

今天新班主任李老师让同学们写我的优点，哇! 居然有这么多，太让我惊喜了!

从不欺负弱者、热心肠、电脑是全班最好的、为人乐观、喜欢看书、思维敏锐、勇敢、很健谈、够义气、不抬高自己、知道大家都是平等的、喜欢发言、勇于承认错误、课外知识丰富、乐于帮助人、上课认真听讲、喜欢学习数学和英语、特别自信、和别人说话时都会先说"请"、经常为班级贡献物品、对电子产品比较精通、回答问题时声音洪亮、天真可爱、爱讲笑话善于调节氛围、成绩较好、上课不接话、有礼貌、努力做好每一件事、虚心向他人学习、关注集体、掌握很多课外知识、说话很有意思、字如其人、外向、对什么事都热爱、心思细腻……

我真是太感动了，在班级里，我的朋友不多，跟同学们的交流也很少，但是老师及同学们居然给我写了这么多优点，我真的很感动，也非常感谢同学们对我的认可。

通过这件事，我明白了一个道理: 每个人都有优点，每个人都有需要向别人学习的地方。今后我一定会认真地对待每一件事，热爱生活，完善自我，活出自信，活出风采。

我的语文老师

吉林大学附属小学　三年一班　李欣洋

我的语文老师是李老师。她的眼睛不大不小，戴着一副眼镜，眼镜上有一个小太阳和一朵漂亮的小雪花儿。散开时，她的头发可以垂到肩膀。有时，她散开头发；有时，她会摇身一变，把头发编成大辫子……

她很幽默。有一次，我把鸟巢这个词的"巢"上面的部分写反了，李老师就笑着说："你的这个鸟巢可是个超级鸟巢啊，还会旋转呀！"同学们笑了，我也笑啦！我很喜欢她的性格，因为当我们犯错误的时候，她会用幽默的方式来提醒我们。

我喜欢她还有一个原因：她只要有空闲时间就会和我们一起到操场上去玩儿，有时玩"红灯绿灯小白灯"，有时玩"老鹰抓小鸡"……

每天清晨，当我来到教室时，总会听见优美的音乐声，心情一下子就变得舒畅了。我会马上回到座位，静静地看书。

考试的时候，全班同学都紧张得不得了，我也是如此。不过，当我们一个个走向考场时，李老师总会在门口鼓励我们。当我们听到这些鼓励的话语时，心情就不那么紧张了。

考完试后，我们就要放假了。当同学们走出校园时，李老师总会抱抱每一位同学，当时，我心里有一种恋恋不舍的感觉。

她是我们的语文老师，我们喜欢她，特别喜欢她。我们喜欢她的幽默，喜欢她的性格，喜欢她给我们的一切……

我希望她能陪伴我们走完剩下的学习之路，希望她永远保留她独有的性格。

第四节　用班级故事促幸福成长

教育的艺术不在于传授本领，而在于激励、唤醒、鼓舞。

——第斯多惠

从事班主任工作多年，我找到了班主任工作的最佳方式：用班级刊物——"班级故事"引领孩子幸福成长，走出了教育的困境，走上了班主任工作的康庄大道！

四"剂"并举，打造卓越班集体

班级故事——融洽师生关系的"润滑剂"

记得接一个新班仅仅五天，班里有个叫钧谊的女孩便深深地牵动了我的目光，悄然走进了我的心里。也许是缘于她的独特吧！胆小而内心世界极其丰盈，充满了才情却又愿意站在自己的角度考虑问题。

开学的第一天，不知什么原因，她明显对我充满了抵触。凭着多年来的职业敏感，发觉原因绝不仅仅是因为换老师这么简单，但我回馈给她的始终是我宽和的微笑。

第二天，她又对我的排座提出了质疑，那种不满的情绪不仅仅是来自一个十岁的孩子那么简单。我细致入微地帮她分析了她排在这个座位的原因，听着我有理有据的分析，她看我的目光变得柔和了，欣然接受了我的安排。

第三天，我检查班级的书写情况时，发现她书写得很认真，本面很整洁，字体很潇洒……

第四天，我将她写进了"班级故事"，并把她的故事当众读给大家，题目是——《我的书法老师》。听着我由衷地说她是可以成为我老师的人，她投向我的目光中充满了感动。

后来的某一天课间，我发现她正专注地在纸上画着什么。我走近她时，她发觉了我，举起了手中的画骄傲地对我说："老师我画的人是你，你看像不像？"画纸上一个年轻貌美宛如仙女模样的女子正手拿书本上着楼梯。流畅的笔触绝非一朝一夕之功。我笑着说："我哪有那么漂亮？不过你画得真的很棒。"她却一本正经地说："你比她还漂亮！"然后把那幅画涂过颜色后郑重地送给了我。我将那幅画细心地珍藏起来，一并珍藏的还有她的那颗诚挚的心。自那以后，她便与我亲近了起来，向我倾诉着她心底的那些鲜为人知的秘密。

在后来的班会上，她又破天荒地第一次走上讲台直言自己要当学习委员的愿望。我惊异着她的变化，感动着她的变化……

我坚信不是锤的打击，而是水的载歌载舞才使鹅卵石的形态趋于完美。

班级故事——走进家长心灵的"融合剂"

当看到自己孩子身上发生的可喜变化，听到孩子们津津乐道地谈论着班级发生的故事和新老师的一言一行时，家长震惊了，因为他们难以置信会有对孩子们产生这样强大的吸引力的新老师。他们开始积极地参与到班级的建设中来。

一位家长曾深情地发出这样的感言：万事都有个度。在教育领域，李老师把这个"度"拿捏得恰到好处，最大限度地激发了孩子们的积极主动性，使之在内心深处主观地向真善美的极点去追求。李老师的工作效果，不只体现在班级及孩子们短期表象的变化，同时也将她"情为真、行为善、爱为美"的主导思想，植入孩子们的心田，这将使孩子们受益终身！在时间与空间的交叉点，李老师的出现，是学校之幸、学生之幸，也是家长之幸。她是至善的天使，望注意身体，以免伤到天使的羽翼。作为家长，除了200%的支持与配合外，只有祝福与祈祷：好人一生平安！

班级故事——激励写作兴趣的"快活剂"

开始的班级故事都是由我一人执笔，没有强迫、没有要求，后来孩子们自发地要求撰写他们眼中的班级故事。大多数同学能够做到每天一个故事，记录自己的心情和感受，记录班级同学的惊人变化，记录班级取得的荣誉，记录生活中的点点滴滴。孩子们的写作能力越来越强了，写作的兴趣越来越浓了！

我想让孩子们懂得："美丽和幸福不是这个世界给我们的，而是我们的心和这个世界清澈地相映！"

写作之道——我手写我心，仅此而已！当其他老师纷纷向我请教带班经验和写作之道时，我微笑着答道："自然之道，道在天成。"

班级故事——形成良好班风的"镇静剂"

由于孩子们都争着、抢着想成为班级故事中的主人公，他们就会自发地约束自我行为、规范自我的言行，将自己最佳的一面展现在大家面前。于是，不知不觉间，整个集体的凝聚力便增强了，焕发了前所未有的生机与活力！

我们天生热爱故事，因为故事里总是流淌着淡淡的温情。我热爱"班级故事"，因为它让孩子们个个向善向美成长起来，它带给了孩子们幸福快乐的童年，它带给了我教育生命永恒的春天！

育人育心，班级故事序列化

育人先要育心。作为教师，我们应该用真挚的爱去滋养每一个孩子，用充满真情的文字去描摹每一个生命个体的成长轨迹。多年来，我一直坚持用记录序列化班级故事的方式，去润泽每一个孩子的生命，去绽放每一个孩子的美丽。

思者先行，行者无疆。在教育教学的道路上，我一直努力成为一个永不止步的行者。

我因梦想而努力，因教育而无悔！种种因缘际遇如此，幸甚至哉！世路风波，纵然"嵌崎身敌波澜剧"，亦要壮心直气，不负初心青睐，不负堂堂掠鬓春秋！

为了方便读者真实地了解"班级故事"在班级教育管理中所起到的良好的教育效果，我将自己所记录的众多的"班级故事"中的一版呈现给读者。这是我从五年级开始接的一个新班。"窥一斑可见全豹"。相信细心的读者一定可以从中发现——这个班级从平凡走向卓越的秘妙。

五（1）班级故事 【教师版】
校长寄语

五年一班在班主任李春梅老师的精心、科学教育下，在全体爱心家长的共同努力下，正在谱写美好乐章。人生设计在童年。李老师及全体科任教师、家长都是孩子的人生导师。

书中记录了每个孩子的成长历程、家长的感悟，共同分享，将作为孩子心中成长的动力和未来美好的回忆。

祝五年一班的孩子未来人生旅途一帆风顺！你们是吉林大学附属小学的骄傲！

校长：刘浩天

2011 年 9 月 3 日

努力成为这样的人
教师寄语

亲爱的孩子们：

虽然我们刚刚结缘，但是你们却给了我一方思绪的晴空，一块脚踏的实地，一种坚持的力量，一份持久的感动！谢谢你们！

灼灼红叶，我们要采摘最美的那片吗？落落余晖，我们要拥抱最暖的那缕吗？盈盈月光，我们要掬一抹最清的吗？茫茫人海，我们到底该选择哪一种最符合我们性情的人生？匆匆的人生路途，匆匆匆的行路脚步，匆匆的心灵选择。在这来去匆匆之间，又应点燃一盏怎样的心灯？

一、努力使自己成为一个有思想的人

笛卡尔说过："我思故我在！"所以，让我们在学习的同时学会思考，这样你的学习才会有效果，思考才会有深度。我们要让自己的头脑像一支燃烧的火把，而不是一个被不停注满水的容器。法国思想家帕斯卡尔有一句名言："人是一根会思想的芦苇。"意思是说：人的生命像芦苇一样脆弱，宇宙间任何东西都能置人于死地，可是，即便如此，人依然可以比任何东西高贵得多。因为人有可以思考的灵魂。人的高贵在于它的灵魂生活。而青少年时期正是可以书写高贵灵魂的最佳时期。

二、努力使自己成为一个热爱读书的人

夏日读书如饮甘露，冬日读书如偎暖炉，花前读书俨然仙翁，月下读书如温旧梦，雾重重时读书开人茅塞，雨敲窗时读书驱人寂寥，春风得意时读书平心静气，坎坷失意时读书淬砺心志，多姿多彩的日子读书以助雅兴，平淡无奇的日子读书以添精彩。

只有多读书，才能进入"眼前直下三千字，胸中全无一点尘"的澄明之境。用一颗安静的心和文字交流，你会拥有一双不平庸的眼睛，一种不平凡的气质。你的人生会多一份雅致和凝重，少一份苍白和飘浮；多一份精炼和轻灵，少一份芜杂和笨拙。读书会给我们一个温暖的家，一个文化的根，一个快乐的童年。

三、努力使自己成为一个关爱他人的人

时常在自己的心灵培植一棵善念之树。不要因为善小，而忘了在他人干渴的时候倒上一瓢水，倒伏的时候及时扶持一把，郁闷的时候送上一句安慰的话，这点滴的善念最终会为我们的生活结出快乐。生命中有些东西就像手中的沙子一样，不会驻足太久，还有一些东西会在岁月流转中，忘恩负义地背叛你。唯有善良，那么忠贞，那么坚忍，在你最痛苦的时候，在暗黑的心底为你透出亮光。让别人因你的存在而感到幸福！时常让阳光洒进我们精神的小屋，我们将生活得多么明媚、自然、恬淡又清新，我们的生命该蓬勃出怎样的绿荫！

四、努力使自己成为一个终身学习的人

"吾生而有涯，而知也无涯""路漫漫其修远兮，吾将上下而求索"。古人所云，恰可以用来概括当今的终身学习理念，学习成为一种个体发展的必然需要，理应成为我们每个人生活的一部分。一个人、一个青少年要不断成长、不断发展、不断超越，就必须成为终身的学习者，在开满鲜花的学习之途散步，才能进入一种内在的、生命的澄明之境。

五、努力使自己成为一个热爱生活的人

人生就是我们乘着自己的命运之舟，向一个很远很神秘的地方划行的过程，而那一次一次奋力划桨泛起的涟漪就是心情。别忘了给心情涂上颜色！热爱生活的人会将那五颜六色折射到生命的每一个角落，让生活生动蓬勃，流光溢彩！

生活有多广阔，语文就有多广阔。所以，孩子们，不仅要在书本上学语文，更要在生活中学语文。有人说，大自然带给我们的欢愉是任何事物所无法取代的。阳光的抚摸，微风的呢喃，还有那小鸟百转千回的歌唱，都给人一种心灵的愉悦。希望同学们课余时间多多投入大自然的怀抱，以自己独有的方式，或唱或画或写诗来表达对大自然的热爱和赞美吧！

我们共同走过的日子，每一个瞬间都会令我凝眸顾盼。展望明天，我相信亦会有四季可人的温馨，潺潺流过心田的微笑，也可能会有历经风雨的苦涩，但一定更会有雨后彩虹的炫目与美丽！

永远爱你们的李老师

2011 年 9 月 3 日

让成长真实发生

教育的生命意蕴

40

1. 美丽的初相见

今日主人公：一神秘男家长

我希望和孩子的第一次照面能如芰荷映水，是最珍贵而美丽的人间情分。

于是，今天早上，我早早地来到了学校，在门口等待着孩子们的到来。见到每一个孩子，我都微笑着主动伸出手对他说："你好，我是李老师，见到你很高兴。"有的孩子很机灵，马上与我握手，并模仿我的方式介绍了自己；有的只是尴尬地站在那里；有的连个正脸都没给我就匆忙跑进了教室；更有意思的是有一个孩子居然伸出了左手，象征性地与我握了握……门外的家长不禁笑出了声。

礼仪教育从我们初见时就已开始，我已经准备好了，你们呢？

然后我在班级找了几个各方面有突出表现的孩子：看书最专注的，进到教室后最安静的，走路最有气质的，最有礼貌的……先为他们照了相，教室里立刻安静了下来。

这时，门外的一个男家长神秘地向我摆手，我礼貌地走上前轻声问："您好，见到您很高兴，请问您是哪位同学的家长？"他激动地说："老师，啥也别说了，我们的孩子交到你手里一百个放心呀！"我立刻明白了，这个早晨我的一举一动早已化为了家长心中的一杆秤，他在称量什么样的教师才符合他理想中的要求，而我的那些缘于爱的行为使他产生了这样的想法。好可爱的家长！

2. 我们换了新老师

今日主人公：钧钧

科学课上，孩子们在老师的引导下发现着学校的惊人变化。这时，钧钧举起了手，并将目光转向了我，专注的神情一下子震慑了我。他大声地说："我们换了新老师！"说完脸上便漾开了灿烂的笑容，看向我的目光是那样明澈，那样坚定，全然不是他人口中的羞涩男孩。

而后钧钧才用手掩住了脸，不好意思地偷笑起来，那笑中充满了无限快乐与甜蜜。我迎上他的目光，回馈给了他我温和的笑容。那次短暂的目光对视后，他总是不停地用目光追随我。

我便知道，我赢得了他的心，我已悄然走进了他澄澈的内心世界。孩子，我想大声地告诉你，你那目光带给我的感觉真好。在未来的生活中，我亦会摘他许多爱，种他许多爱！

3. "老师，我头一次吃得这么饱"

今日主人公：获嘉奖的"豆芽菜"

在开学典礼上，三个班的同学本学期第一次站在一起，真是不看不知道，一看吓一跳。其他班的同学高大健硕，而我班的孩子们一个个宛如"豆芽菜"般纤细，好像一阵风便能轻而易举地将他们吹走似的。

一阵揪心的疼痛袭上心头。我暗暗发誓，这个学期一定要让他们长高长壮。首先从改变他们的饮食习惯入手，从中午饭入手。我细心地看了一下小饭桌和营养餐给的饭量后，发现量不多。

吃中午饭时，我对他们说："我们吃一片面包，想到单是一粒麦子就是几个月的阳光，几个月的风雨，一片面包，蕴含了无数的阳光与风雨。我们品味了面包就是品味了风雨与阳光。我们以面包为食，阳光与风雨都化为我们的生命。我们应该爱惜粮食，吃完饭后要将饭盒一一给我检查后方能放入饭箱。全吃完的学生在每人基础分上加一分。"

听了我的话，孩子们来了劲头，大口地吃，不停地嚼，仿佛这饭不知什么时候变成了山珍海味似的。全吃完的学生，便兴冲冲地跑到我面前让我检查他那空空如也的饭盒。那神情仿佛是得胜归来的将军。我便郑重地说："好，加一分。"听到加分，其他同学更来劲了。一个同学一边拿着空饭盒一边用手揉着肚子说："老师，我头一次吃得这么饱，以前我只是随意地吃上几口。"

这个中午，除了两个同学得了 0.5 分，一个同学得了 0.8 分外，其他在校就餐的同学均得到了加一分的殊荣。看着空空如也的饭盒，想象着孩子们越长越高、越长越壮的样子，我开心地笑了。

4."老师，我丢了 5 元钱"

今日主人公：不翼而飞的 5 元钱

"老师，我丢了 5 元钱！"辰辰向我告知了这一情况。早上开学典礼上就看到他用手摆弄那 5 元钱来着，当时我还提醒他把钱放在兜里。现在已经是下午第三节课了，找，肯定能找到，但开学第一天就审问学生无疑是下下策。再说，万一是他自己弄丢了呢？

于是我告诉他："这 5 元钱我可以给你，钱要随身携带，下次再丢了，我可就不给你了。"然后提醒全班同学要格外注意保管好自己的物品，尤其是钱款要随身携带，孩子们郑重地点着头。损失了 5 元钱，却让孩子们明白了保管好自己的物品的重要性，值！

家长感言：

钧钧的变化很明显，非常感谢李老师！

——钧钧家长

心细如丝，谢谢李老师！您的细心，使家长放心。

——文斌家长

1. "老师，我回来了！"

今日主人公: 娇小可爱的箐箐

中午，我正在门口擦地，"老师，我回来了！"循着声音抬头望去，见是娇小可爱的箐箐。由于身体的特殊原因，她每天只上一上午的课。对于她突然返校的异常行为，我充满了惊讶，便询问她返校的原因。

她细声细语地说："老师，我喜欢听您上课。"联想到上午第一节语文课上我表扬她带病却仍然将预习作业完成得那么出色时，她那激动而坚定的目光，心想: 该不会是自己的表扬起了作用吧？如果是，那孩子的身体能承受得了吗？不行，必须以孩子的身体为重。于是，我疾步走向她，关切地问: "孩子，回来上课身体能承受得了吗？觉得不舒服一定要告诉老师呀！"

"老师，我没事的。您就放心吧！听您讲课我感觉身体好多了！"听了孩子真诚的话语，我的心中充盈着感动。说孩子是天使，真的没错。你爱她有多深，她就会爱你更深。

2. 判若两人的东东

今日主人公: 大获表扬的东东

接班前向各位任课教师了解班级情况时，"东东"这个大名早已如雷贯耳，上课接话，惹是生非……他简直就是顽劣至极。对这样的孩子，再多的批评也不会起作用，只能把他推向无底的深渊，最终，痛苦的除了孩子外，还有老师。

周一他来得较早，在我表扬其他早到的孩子投入的读书行为时，他已像模像样地翻看着新书，而且身子挺得直直的。我便抓住了这个契机，大张旗鼓地表扬了他，并且先为他照了开学以来的第一张相片。自那以后，每节课前他总能端正地坐好，课上也能兴致勃勃地参与到课堂中，像变了个人似的。看到他的惊人变化后，任课教师更是不吝其言地表扬他。不用说，你也能猜到那个在课堂上朗读最卖力、学得最投入的男孩就是今天的东东了。唯有爱能改变一切！

3. 惊异的目光

今日主人公：目光敏锐的天雪

孩子们正在语文课上投入地朗读老舍的《林海》，我正在每桌每个人地倾听着他们的朗读。走到泽云身边时，我听到他读丢了一个字，便马上更正了他的错误。看着我手中没书却能精准地更正其错误时，他的同桌天雪立刻向我投来了惊愕、崇拜的目光。

我微笑着望向他们说："只要用心，你们也会像老师记得一样准。"听了我的话，他们立刻认真专注地投入到了朗读中。

老师的一个看似不经意的行为会带给孩子多么深远的影响啊！孩子，你的目光真敏锐。孩子，我该更努力！

4. 拖布拧得不会滴下一滴水

今日主人公：注定不凡的略略

"略略"，开学仅仅两天，我便牢牢记住了这个高挑、美丽、个性毫不张扬的女孩。

由于刚刚接班，班级的各项工作还没有有条不紊地开展，值日工作亦如此。所以中午时，我便亲力亲为，拿起拖布拖地。由于孩子们一会儿回来接水，一会儿又出去，看到自己辛辛苦苦的劳作又化为了满地的"胡乱涂鸦"时，我不禁长叹了口气。

那些敏感、善良的小天使们便围拢到我的身边。扫地的扫地，排桌椅的排桌椅。略略早已接过我手中的拖布，麻利地戴上手套与启明一起配合着拧拖布了。拧过后先轻轻地拖一下地，并顺着光线在侧面观察是否有水痕。当确定这个拖布拖地不会拖出水痕时，才放心地拖起地来。

见此情景，我在心里暗暗地想：能将拖地这件事做得如此完美的女孩，她在面对其他事情时，亦会做得很完美。

能将平凡的小事做好的人注定会成为不平凡的人。孩子，我为你骄傲！

5. 孩子，我该真诚地向你道歉

今日主人公：值得信赖的辰辰

昨天，给辰辰写了第一张"心语卡"，告知他今天返回来。他郑重地点了点头。可我心里仍有些不安，因为他的书包总是大张着嘴，文具书本总是散落满地。"他该不会……"

今天他又像故意吊我胃口似的，7:48分才姗姗而来。我故作镇定地问他："'心语卡'带来了吗？""带了！"他的语调明显上扬而且含着无比的自信。然后小心翼翼地从书包的一本书中取出那张卡，那庄严的神情瞬间打动了我。

只有信赖才能创造出世间最美好的境界！

孩子，原谅我对你的那丝不信任，哪怕未来你会面临更大的挑战，老师也坚信你能行！孩子，我该真诚地向你道歉！

家长感言：

今天孩子放学，第一件事情就是告诉我，必须进入老师的空间日志，读老师为他写的东西。我一看便惊呆了！不仅是写东东，老师还给许多同学都写了，而且写得那样好，读后让人感觉温暖，让人振奋。尊敬的李老师，您不仅能改变孩子，更能改变家长！感激之情岂是辛苦和谢谢所能表达？

——东东家长

孩子们的改变，离不开老师。感谢老师。我们需要发现孩子们的优点。

—— 妍妍家长

2011 年 8 月 31 日　　星期三　　天气：晴　　【开学第 3 天】

1. 你们是我的骄傲

今日主人公：全班可爱的宝贝

孩子们，看着间操时你们纹丝不动的身姿、走廊里井然的秩序、课前专注的神情、课上灵动的表现时，我想大声地告诉你们，我为你们骄傲！我想大声地告诉你们，我有多爱你们！

是你们的改变让我体会到了为人师的快乐！

付出着，收获着，幸福着！

2. 我的书法老师

今日主人公：未来书法家阳阳

昨天离放学还有一节课，40 分钟，给孩子们打字头的工作无疑便增添了紧迫感：40 本，每个本上打 7 个字头，共 280 个字，再加上翻本、合本、拿起、放下这些琐碎的程序，我已不晓得我写每个字需要多少时间，只顾埋头，不停地写。心中只有一个念头：让每个孩子放学时书法本上都有我写的范字，不希望遗漏任何一个。我清楚地知道模仿对于练字的重要性。手腕酸了，手指麻了，眼睛花了……全然不顾，终于在放学前 2 分钟完成了这项工程浩大的工作。长吁了一口气，安下了心，没有令一个孩子失望。给孩子打字头，想法很单纯，就像阳光普照万物一样，我并不在意是否每一朵花都为之吐露芬芳，我在意的是，阳光最细微的光线是否给了花儿最温暖的触摸。也许我会碰到一颗善感的心灵……

今天批改作业时，发现每个孩子的字都有了不小的进步，心里开心极了。又翻开一本，正准备批改时，我立刻震惊了。这字怎么跟我写得这么像？该不会出现幻觉了吧？摇了摇头，再定睛一看，虽在运笔、笔锋上还略显稚嫩，但字形甚至字神的相似程度，我自己不细心辨别都很难区分。于是我记住了"阳阳"这个名字。星期一，日记本中她的字算是工整，可和现在的字是无法相提并论的。于是我在她的日记本上挥笔写下了"你是我的书法教师"这八个大字。我相信她持之以恒地练习，有一天一定会青出于蓝而胜于蓝的，不，也许就在明天！

感动着有如此细腻而丰盈内心世界的女孩，开心着我为每个孩子用心打字头的举措，想象着孩子们体会到汉字魅力的那种欣喜，我开心地笑了。

当老师的感觉真好！

3. "老师，我能行！"

今日主人公：勇挑重担的智远

时令已经是秋天了，可天气仍然闷热异常。水的供应必须及时，可偏偏班级最高大健硕的铭洋左臂受了伤，不能继续承担这项工作。这可怎么办？谁能承担这项工作呢？我环视全班也没发现一个人选。也许是看透了我的心思，坐在班级第三排的男孩智远高高地举起了手，胸有成竹地说："老师，我能行！"看着他弱不禁风的体形，我仍无法下定决心，其他男生也许是被这个繁重的工作吓坏了，深埋着头不敢直视我的目光。看来也只能暂且一试。"好，由你来。如果感觉吃力一定要跟老师说。"

下课后，他直奔空桶而来，不多时便吃力地滚动着一桶水进了教室。看着他鼻尖上渗出的细密的汗珠，我的心便隐隐地痛了，我迅速地接过他手中的桶安放在饮水机上，感到鼻子酸酸的。

48

别看班里孩子饭吃得不多，喝起水来却速度惊人。平均一天得近两桶水。罗智远便毫无怨言地拎着空桶快乐而去，换回满桶水吃力而回。

由于刚接班，忙个不停，我也只是看到他滚着水桶而回的情景，但闭着眼也能想象出，瘦小的他得与那重重的水桶进行怎样的抗争，付出怎样的艰辛，才能走过那长长的走廊，爬上那一级级的楼梯呀！

看着每一个孩子接水后酣畅淋漓饮水的样子，我真的想提醒他们别忘了，哪怕只是偶尔能想起向智远说声谢谢也好。哪怕不说一声感谢的话，只是对他粲然一笑也可。但可惜的是，他们好像早已习惯了别人的这种付出，而忘记了回馈这份他们理应牢记在心的沉甸甸的爱。"智远，老师知道你这样做并不奢望得到什么，但你理应得到些什么。真诚地向你道一声'谢谢'，我亲爱的孩子。五年一班有你这样的孩子，何其有幸，能拥有你这样的学生，我又何其幸运！"

是你让我们懂得了：爱别人，也被别人爱，这就是一切，这就是宇宙的法则！

家长感言：

您不是演员，却吸引着我们的目光；您不是歌唱家，却让知识的清泉叮咚作响，唱出迷人的歌曲……您因材施教，善启心灵。我相信孩子们会捧着优异的成绩，向你表达敬意。感谢老师，您辛苦了！

——阳阳家长

爱是一种力量，也存在着相互的作用。相信在李老师的精心培育下，五年一班会将爱变得相互，将爱变成自然。

——文斌家长

1. 孩子，谢谢你读懂了我的目光

今日主人公：多面体海涵

"你们班的这个值周生工作可认真了！"我顺着刘莉校长的手指方向看去，目光就定格在了王海涵身上。这个小家伙，开学第一天就给我留下了深刻印象：上课不能很好地把持自己，不是接话就是回头回脑。据说他也一直是班级里"鼎鼎有名"的人物。

选值周生时，他说他一次也没当过，一副志在必得的样子，让他去，万一捅了篓子怎么办？不让他去，也许就错失了一个可以教育他的契机。权衡利弊后，我仍然决定放手一搏——让他去。我语重心长地告诉他："我信任你，行不行就要靠你自己了。"然后便用信任的目光深情地注视他，他目光坚定地点了点头。

说实话，第一天他的变化不大，但我仍然从他不时瞥向我的目光中读出了什么。第二天，他在作文中称我是"多面体"老师，喜爱之情溢于言表。我便利用下课空闲时目光中充满慈爱地在他耳边悄悄告诉他，他也是个多面体的学生，我们很相似，我也很喜欢他。他的眼神中立刻显现出飞扬的神采。

当他犯错误的时候，我便用眼神暗示他，这个机灵的小家伙居然读懂了我的目光，再也不像第一天那样肆无忌惮了。上课时，他仍有时接话，只是之后便立刻将目光移向我，发现我注视的目光后，便将头埋得低低的，脸也羞得红红的。他接话的次数明显减少了，我便微笑着注视他。那目光中有赞许，有鼓励，亦有期待。我相信他已懂得了其中的深意。孩子，谢谢你读懂了我的目光。

2. 严谨自律的小男孩

今日主人公：可爱的泽泽

开学第一天，那个叫泽泽的小男孩就吸引了我的目光。话语不多，羞涩内敛，但凡是我要求的，他总能第一个做好。进教室后坐得最快的是他，坐得最精神的是他，站队站得最好的仍是他……

更难得的是，这几天他一直这样严格地要求自己。能把看似简单的事情做好就是不简单，能持之以恒地把简单的事情做好就是不平凡。

孩子，谢谢你的认真！孩子，你将有不凡的明天！

家长感言：

> 李老师的一句赞许一丝鼓励，潜移默化地影响着孩子们对事物的态度。我相信在您的精心呵护下，班里的每个孩子都会有向好的积极的变化。您的付出，绝不会是徒劳，肯定会有成功的那一天！翘首以盼，期待中……
>
> —— 文斌家长

2011 年 9 月 2 日　　　星期五　　　天气：晴　　　【开学第 5 天】

1. "厉害！"

今日主人公：深受学生喜爱的王老师

数学课后，王老师兴奋地走到我面前，激动而又佩服地说："李老师，学生课上接话的现象没有了，听课状态特别好，极少有溜号的。好久没上过这么舒服的课了。厉害，还是你厉害！这么短的时间班级就有这么大的变化，真不错！"接着还用他惯有的调侃语调说："继续努力呀！"

想到自己这连日来的倾情付出换来了这样丰厚的回报，一股暖流便涌上心头。也许明天我还会遇到这样那样的困难，但我一定会在忧伤中静思，在静思中疼痛，在疼痛中忍耐，在忍耐中等待。因为爱要学会失望、包容，执着地付出和耐心地等待。

一粒貌不惊人的种子，往往隐藏着一个花季的灿烂；一条丑陋的毛毛虫，可能蜕变为一只五彩斑斓的彩蝶，因为生命本身就是一桩奇迹！

2. 那一句关切的问候

今日主人公：暖宝宝梓钰

刚刚接手新班，连日的疲劳战使自己的体力明显有些透支，头晕晕的，脚走路似乎也有些不稳，没时间上医院，没时间停下来休息。胡乱地抓了种药，也是想起来就吃，想不起来就不吃。这不，早晨又忘了吃。

课间，才刚刚想起，匆忙拿了片药放入口中，喝了口水咽下，就准备到外面看一看孩子们的站队情况。班级的各方面情况刚刚有了好转，我不敢，也不能有丝毫马虎。

刚走出教室，身后便传来了询问声："老师，您怎么吃药呢？"回头一看，映入眼帘的是一张俊俏的脸，脸上写满了焦急、担心，声音里也流露出紧张。"你是担心老师生病了？别担心，老师没事。"我赶紧安慰她。我怎么能让这样一个细腻敏感的孩子一天处于担心之中呢？这个开学第一天就给我留下深刻印象的气质颇佳的女孩——梓钰，她竟是这样一个心中有爱的天使。今天她又敏锐地发现了我的异常。

鼻子酸酸的，感觉眼中有泪水要流下来。爱学生，被学生爱着，是如此的幸福。我向她绽放了我最灿烂的笑容，转身大步向外走去，头仍晕，但步履却异常坚定。转角处，我悄悄地擦去腮边那幸福而甜蜜的泪水……

家长感言：

"水的载歌载舞才使鹅卵石的形态趋于完美。"感受到李老师对工作的那份责任心和对孩子的那份爱心，我相信不论多么稚嫩的画笔，所画出的那个人物作品都会是同一个结果：完美的象征！

—— 文斌家长

感谢你给孩子们一个温馨的家，做一位细心的妈妈，孩子们的一举一动，每个眼神你都铭记在心。感谢李老师为孩子们做的一切。

——梓钰家长

李老师，您辛苦了！看了您的日记，也看到了您那春风般的情怀，您用春风融化着冰雪，使每棵嫩芽有了雨露的浇灌，迅速地茁壮成长！

——婧萱家长

2011 年 9 月 5 日　　　星期一　　　天气：晴　　　【开学第 8 天】

1. 那四个持之以恒的小家伙

今日主人公：爱班四剑客

开学后，每天中午到小饭桌取饭的重任就由泽泽、耀博、嘉炜、冬冬这四个小家伙主动承担了。取饭、发饭，然后才能吃饭。可他们对此从未有过丝毫怨言。

世界上最容易的事是坚持，最难的事还是坚持。说它容易是因为只要愿意做，人人都能做到；说它难，是因为真正能做到的终究只是少数人。

孩子们，爱是坚忍的拐杖，忍耐是旅行袋，携带它们，你们可以登上永恒之旅。五年一班有你们真好！你们是五年一班的骄傲！

2. 那一双温柔的手

今日主人公：恬静美丽的小唯

中午，孩子们吃过午餐后便急切地冲到操场上自由玩耍去了。也许是太过心急了，他们便将手中的饭盒随便地往地上一放，或是往其他饭盒上随意地一摞。结果不是饭盒散乱一地，便是如同比萨斜塔一样岌岌可危。见此情景，我无奈地摇摇头，叹着气，心想：你们什么时候能长大呀？然后便立刻放下手中的饭盒悉心地收拾残局了。

今天中午，我刚要去弄那些被孩子们随意丢弃的饭盒，便看到一双手，极为细心、极为轻柔地将塑料袋小心地撑开，然后将那些被遗弃的"孩子"一一送回它们的家。那手的力道不轻不重，刚刚好。我被眼前的一幕惊呆了，顺着那双温柔的手向上看去，是那张恬静的脸。小唯——这个外表看上去波澜不惊的女孩，该有着怎样细腻、丰盈的内心世界呀！

孩子，五年一班因为有你而精彩！我的工作也因为有了你而异彩纷呈！

家长感言：

当我看完李老师写的评语，对孩子的细心教育培养，作为家长很受感动。这说明孩子在健康成长中很需要关心和爱护，李老师，您辛苦了。

——小唯家长

"爱是坚忍的拐杖，忍耐是旅行袋"。绝对美文，视觉上的享受；字里行间中流露出老师的一份爱心，这种感觉催促着自己对您萌生心中的一份敬意！

—— 文斌家长

2011 年 9 月 6 日　　　星期二　　　天气：晴　　【开学第 9 天】

1. 一节不同寻常的语文课

今日主人公：一张看似简单的试卷

数学课上，王老师出了一道题：用 12 个相同的正方形拼成一个长方形，有哪几种拼法？王老师话音刚落，刘航甫立刻举手回答道："78 种！"嘉炜随后说："11 种。"显然，他们在读题时因为审题不认真，而忽略了"用 12 个正方形拼"这一重要条件，细心的桉源指出了他们的错误。做练习时，婉彤也由于审题不认真，而将该填在此处的答案填在了彼处。该怎样让孩子们明白审题的重要性呢？我想出了一个好办法。

接下来的语文课，我没有忙着讲课，而是扬着手中的一沓试卷郑重地说："今天，我们要进行开学以来的第一次测试，试卷内容说难不难，说简单也不简单。答卷时要认真审题呀！考试时间仅为 5 分钟。一会儿我下发试卷说开始后就开始计时。"

试卷内容如下：

1. 请将试卷从头到尾看一遍；

2. 在试卷的右上角写上你的名字；

3. 在你的名字下面标上汉语拼音；

4. 写出你最喜爱的 5 种动物的名称；

5. 写出你最喜爱的 5 种植物的名称；

6. 写出你最喜爱的 5 种水果的名称；

7. 写出你最喜爱的 5 座城市的名称；

8. 写出你最喜爱的 5 本书籍的名称；

9. 写出你最喜爱的 5 位同学的名字；

10. 写出你最喜爱的 5 首歌曲名；

11. 写出你最喜爱的 5 部电影名；

12. 写出你最喜爱的五首唐诗的题目；

13 写出 5 个"认真"的同义词；

14. 如果你全部读完这 14 道题，请只做第 2 题。

看着孩子们"奋笔疾书"的样子，我在心里默默地想：这样的训练多么有必要啊！不一会儿，他们惊呼上当的叫声、叹息声便不绝于耳，更有甚者还在那捶胸顿足了好一阵子……

相信这张不同寻常的试卷，定会为他们以后的学习之路指明方向。

2. 不到一天时间

今日主人公：一群美的使者

校运动会即将召开，还没等我布置任务，女孩们早已按捺不住激动的心情了。"老师，我们想编个舞蹈。"婧萱迫不及待地说。"行！""我们要排个啦啦队舞蹈。"梓钰抑制不住激动的心情说。"没问题！"得到了我的首肯后，女孩们像一群活泼可爱的小燕子般飞出了教室。

下午第二节课间，我惊异地发现，她们早已排好了队形，组织有序，动作协调，举手投足间充满了动感与美感。不到一天的时间，这个舞蹈已初具规模了，此时的她们与课上朗读时的羞涩截然不同，我简直不敢相信自己的眼睛。

我相信运动会中，她们将是最耀眼、最闪亮的星，一定会带给他人美的享受。这群美的使者！

家长感言：

万事都有个度。在教育领域，李老师把这个"度"拿捏得恰到好处，最大限度地激发了孩子们的积极主动性，使之在内心深处主观地向真善美的极点去追求。您的工作效果，不只体现在班级及孩子们短期表象的变化，同时也会将您"情为真、行为善、爱为美"的主导思想植入孩子们的心田，他们将受益终身！在时间与空间的交叉点，李老师的出现，是学校之幸、学生之幸，也是家长之幸。作为家长，除了 200% 的支持与配合外，只有祝福与祈祷：好人一生平安！

—— 文斌家长

2011 年 9 月 7 日　　　星期三　　　天气：晴　　【开学第 10 天】

1. 那轻轻的一扶

今日主人公：冰雪聪明的天雪

数学课上，同学们都在聚精会神地听老师讲课。一阵风袭来，教室的门便迅速地关上。我在后面批改作业，冲上前去来不及，心想：那"砰"的巨响可别吓着孩子们。那可怜的门总在这样的剧烈震荡中，身子骨可受不了，但一切却似乎无法避免了。唉……这时，只见坐在教室第一排的靠近门边的天雪伸出了左手，轻轻地扶了一下即将要关上的门。这轻轻的一挡，减缓了门关上的速度，减轻了门关上的力道。然后，她才缓缓地收回手，门便轻轻地关上了，没有发出任何声响，没有产生任何震荡。

似乎没有人留意这一刹那间发生的事情，也没有人知晓刚刚发生的故事，主人公似乎也觉得那只是下意识之举，之后便继续投入到认真的听课状态之中了。

然而正是这种下意识之举才能彰显美丽，才能彰显伟大。伟大往往都是蕴含在这些平凡的小事中、这些平常的举动中！

2. "老师，我帮她们扫吧！"

今日主人公：憨厚淳朴的文斌

中午，女生要排练舞蹈，而其中的 3 名女同学是今天的值日生，"老师，这可怎么办呀？""是呀，孩子们，值日工作要做，可是舞蹈排练也不能耽误呀！这可怎么办呀？"我故意为难地说。我倒要看看这群小家伙怎么解决这个问题。

"要不我们先值日……""要不……"

这时，这学期刚转来的，那个遇事很有主见、充满才情、憨厚淳朴的文斌开口说："老师，我帮她们扫吧，这样她们就可以早些排练了。"听着他那真诚的话语，女孩们欢呼着"文斌，你太棒了！谢谢你！"便雀跃着消失在门口。

想到平日里他总是无须别人要求，便主动和航甫为班级做值日的情景，我的内心被一种巨大的感动震撼着——爱就意味着用心灵去体会别人最细微的精神需要，而这种心灵的感受能力来自父母，但不是什么言语和解释，而是榜样。在文斌的带动下，其他男孩欣然加入到了值日的行列，女孩们的舞蹈排练也顺利进行着。

我坚信在这样充满着体贴和关心的大家庭中，孩子们永远不会再为鸡毛蒜皮的事情发生争执，伤感情了！

家长感言：

李老师用爱心观察每一个孩子，用慧眼抓住孩子举手投足间的闪光点，启迪孩子树立积极向上的人生观。家长敬佩、震撼、感激。

——天雪家长

那轻轻的一扶……那淡淡的一语……也许，这只是孩子们下意识而发生的事，但关键是有了挖掘与关注他们的那双眼睛……

——文斌家长

2011 年 9 月 8 日　　星期四　　天气：晴　　【开学第 11 天】

1. 一张传递真情的卡片

今日主人公：小暖男守东

早晨，孩子们陆陆续续地来到了教室，看着孩子们那一张张可爱的面孔，一种幸福感在心底悄悄蔓延。

这时，一张苍白的脸出现在我面前，是昨天生病后被家长接回去的守东。见他脸色蜡黄，步履蹒跚，我赶紧迎上前去，关切地问："孩子，感觉怎么样了，好些了吗？""还行。"守东的声音仍有些颤抖。"多喝些水，这样身体会好得快些。""嗯！"他乖巧地点点头。

随后，他极为小心地从书包里拿出一件东西，郑重地交给了我。我定睛一看，是一张他精心为我绘制的卡片：封面上画着太阳，一个年轻少女的头像——显然画的是我，写着"感恩"两个大字。信上写着：尊敬的李老师，我们虽然见面只有十几天，可是我却感受到了您的爱和关心。虽然您有时表面上很严厉，可是我却感受到您内心的温柔，因为您是那样地爱我们，而我也很爱您！

孩子，我从这充满温情的卡片中已经深深地体会到了你对老师的爱。你发着烧，用颤抖的手绘制这样的图案，用你的真挚的心写下了这样一段感人的文字。老师的心一直在一种温暖的感动中战栗着。而这张传递真情的卡片，必将成为温暖我一生的礼物！

2. "噢，我喜欢！"

今日主人公：魅力男神

数学课上，孩子们正徜徉在王老师为他们营造的彰显智慧的美妙境界中。"现在我要出一个最难的问题。"王老师如是说。我心想：这还不把他们难住了、吓坏了。没想到课堂气氛空前高涨，"噢，太棒了！我喜欢"的欢呼声不绝于耳，一浪高过一浪。

儿童是一块虚怀若谷的包袱皮，藏进什么都最稳妥，一辈子都能闭着眼摸到。相信孩子，给他们一个支点，他们就有可能撬起地球。

孩子们是幸运的，遇到这样一位可以在思维上引领他们，精神上点拨他们的好老师。我也相信这样的教师、这样的课堂将成就他们一生不可复制的精彩！

家长感言：

看您的记录，我感受到了爱，感受到了真情，今天我看到了您的真情流露，让我这当父亲的感到"渺小"。谢谢您对我儿子的关心。

——守东家长

好奇心是知识的敲门砖，兴趣是学习的开门锁。王老师高，实在是高！

—— 文斌家长

2011年9月9日　　　星期五　　　天气：晴　　【开学第12天】

1.怀奶奶来到了我们的课堂

今日主人公：可亲可敬的怀奶奶

《城市晚报》开展了"感恩教师节，咱给老师代节课"的教师节特别活动。今天将有7位代课教师走进我市几所名校的优秀集体重温自己的教师梦。我们班被幸运地选中我校承担本次活动的两个班集体之一，孩子们都兴奋不已。

一大早，数学代课教师怀惠莲便早早地来到了我班，那是一位年过花甲的老教师——慈祥的面庞，深邃明亮的双眸。一看见孩子们，眼中便立刻盈满爱意。

她先亲自动手为全班孩子做教具，为了便于了解孩子们的学习情况，她又到班里听了我的一节语文课。严谨的治学态度令人折服。

第二节课数学课正式开始，怀老师追求朴实、质朴的教学风格，整节课没有使用任何一种现代化教学手段。不拘泥于形式，不追求花哨。走进课堂，怀老师立刻成为光芒四射的魔术师、艺术家。她的身上仿佛被赋予了一种神奇的魔力，在她不经意的举手投足间，枯燥的课堂鲜活了，孩子们智慧的火把点燃了……

课堂上，孩子们思维活跃，语言组织严密，神情专注，秩序井然，受到了怀老师和记者的啧啧称赞。怀老师 60 多岁高龄又重返课堂，我想是缘于她对教师这一职业的热爱吧！而我班孩子短期内在课堂上有如此惊人的转变，我想也是缘于我对他们发自心底的爱吧！

热爱——世界上的所有伟大都凝结在这两个字中，人生中的万千情愫都归结在这两个字里。如同不管何方涌来的河流，它的源头只能在高处。

热爱——是人世图书馆中最普及的藏书，人人都可以借阅。能从头读到尾的人，生命如诗！

2. 放学后那迟迟没离开的身影

今日主人公：快乐天使耀博

"唉，糟糕！"辰辰仿佛忘了什么特别重要的东西，从走廊队伍中窜回班级后便焦急万分地寻找起来，翻来翻去地找了半天，也没能找到他要找的东西。他明显急了，翻动的声响大了起来。声音吸引了旁边的耀博。"我帮你找吧！"

两人齐心，不一会儿，便看到辰辰脸上露出了欣喜的表情，雀跃着转身离开了。而这时附近的桌面、地面早已一片狼藉。我叹了口气，无奈地准备帮他收拾残局，却见耀博开始行动了。他细心地将书本一一摆放在一起，轻轻放入书桌内，又将地上的纸屑细心地捡起，确认地面已整洁如初时才欣然离去。这时离放学早已过 10 多分钟了。

看着他快乐地离开的身影，我惊异地发现他找寻到了快乐的真谛：要想让自己快乐，最好的方法是先令别人快乐！快乐应该是美德的伴侣！

家长感言：

帮助他人而获得对方的笑脸，是自己幸福的沉淀！

—— 文斌家长

2011年9月12日　　星期一　　天气：晴　　【开学第15天】

1."我们班上报纸啦！"

今日主人公：幸福的师生

早晨，来到学校，发现教室里孩子们兴奋地议论着什么，与往日的安静氛围形成了鲜明的反差。"出了什么事？"我疾步走进教室，教室里立刻安静了下来。刘桉源扬着手中的《城市晚报》神采飞扬地说："老师，我们班上报纸啦！"说着，便将手中的报纸递给了我。原来，报上刊登了教师节活动当天老师们代课的特别报道：

一大早，数学代课教师怀惠莲早早来到吉大附小，先是亲自动手为全班孩子做教具，又到班里做"旁听"，了解孩子们的学习情况。

8点50分，怀老师的数学课正式开始，漂亮工整的板书、不快不慢的语速，开课不到5分钟，学生们就已全部进入状态。怀老师还利用下课前5分钟讲述了她初当老师时的经历。"我刚教书的时候教的是一年级，那时全班只有一本教科书，所有的作业、画图都需要我手抄到黑板上……"孩子们听后，都表示今天的幸福生活来之不易，要好好学习。

离开课堂，孩子们挥手告别，怀老师热泪盈眶。"我能感觉到，您用一生的时间和心血来备课，您教了那么多孩子，这种坚持和爱是何等珍贵。"讲着最真挚的心里话,班主任李老师与怀老师深情拥抱。

报中并附有一张怀老师和孩子们徜徉在幸福的课堂之中的照片。

报道详尽、照片清晰,孩子愉悦、教师幸福!

2. 书桌下那小小的身影

今日主人公:清洁卫士泽芸

令人感动的事情接踵而至。仍然是在这节奥数课,那几个主动承担劳动任务的孩子宛如一群可爱的天使不停地忙碌着。

这时我发现一个书桌下有窸窣的响动,走近一看,只见泽芸吃力地趴在桌子下,用刀片轻轻地刮着地面上的一块污渍——不知是谁嚼口香糖后的不经意的"杰作"。轻了,怕刮不下来;重了,怕刮坏了地面,必须力道适中才行。那小小的身影在书桌下忙碌了许久,海涵也从旁协助了许久。

当那块污渍终于被彻底清除干净了,他们的脸上绽开了如花般的笑容,汗水顺着面颊流淌下来,一直流着,流进了我的心里。我想也一定会流进每个孩子的心里。

家长感言:

> 方向比努力更重要,坚持比选择更重要,心态比胜负更重要。
>
> —— 文斌家长

2011 年 9 月 13 日　　星期二　　天气：晴　　【开学第 16 天】

"老师，我也想拖地！"

今日主人公：主动值日的辰辰

今天下午第三节课，由于部分同学都去上奥数课了，教室里只剩下了寥寥无几的几个同学。"你们帮着打扫一下教室行吗？""行！"孩子们欣然接受，便各自忙了起来。

"老师，我也想拖地！"刚刚正沉浸在书海中的辰辰，可能是看到别人热火朝天劳作的情景受到了感染，急切地要求着。

看着他期待的眼神，想着曾几何时，他一直游离于集体活动之外，像一只孤雁，感受不到参与的乐趣，活在自我的世界中。面对这样的孩子，作为人师，我深知太多的苛责早已失去了任何意义，太多的替代亦不能代替他成长。唯有使自己的心柔软，柔软到我们看到一朵花中的一片花瓣落下，都使我们动容颤抖，如悉它的意义。唯其柔软，我们才能敏感；唯其柔软，我们才能包容；唯其柔软，我们才能精致；也唯其柔软，我们才能超越自我，在受伤的时候甚至能包容我们的伤口。

用这样的柔软的心去对待每一个孩子那水晶般的心灵，去宽容、去爱护、去理解、去尊重，因为我坚信，即使面对的是草木，也能将心比心，也能与草木相见。

辰辰来得越来越早了，也许开始只是希望获得老师奖励的一枚红枣；也许只是期望看到老师欣喜的眼神，听到老师由衷的赞叹；而今天，也许他只是认为自己该那样做而已。

于是，小卷发下去之后，他主动来到我面前询问我："分数到底是 80 分，还是 89 分，每个词语扣几分？"

今天他又主动提出要帮着做值日。望着他忙碌的身影，我在心里默默地想：在学校我要让每个孩子都能抬起头来走路。

只有能够激发学生去进行自我教育的教育，才是真正的教育！

第一章

63

家长感言：

> "老师，我也想拖地！"多么普通的一句话，却是孩子超越自我重要的一步，李老师就像灯塔，照亮五年一班孩子前进的道路。开学到现在，李老师用她细腻的爱心去关心每一个孩子，用她的艰苦努力（每天牺牲多少业余时间）给予孩子们知识的给养，用她独有的智慧去改变每一个孩子……五年一班的孩子和家长们，我们何其幸运！！
>
> —— 辰辰家长

64　　　　2011 年 9 月 14 日　　　星期三　　　天气: 多云　　【开学第 17 天】

众里寻她千百度

今日主人公：小百灵欣阳

接班前我就了解到这个班的孩子们普遍唱歌跑调，唱得好的更是凤毛麟角，这与我的治班理念——用歌声怡情，明显相悖。放弃吗？容易，但不忍。坚持吗？困难，但必须！

于是，我便开始了大海捞针般地寻找。一定要找到一个可以带动全班感知、感受到音乐魅力的孩子。

我开始有意识地细心倾听每个孩子的发言，与每个孩子进行细致的交流，试图可以找到这样一个举足轻重的人物。那天，我无意中听到欣阳大喊好朋友名字的声音，心中便涌上一份惊喜。她的声音婉转悦耳，犹如天籁之音，心中的大石头总算落了地，真是"众里寻他千百度，蓦然回首，那人却在灯火阑珊处"。

只可惜，这是个异常羞涩的女孩，平日里也从不在人前展示自己。我便时常鼓励她。今天，我让她担任上课喊"起立"的负责人时，她眼中闪过片刻惊异的神色，但随即便支吾着说，她不行，声太小。我便让她一遍一遍地尝试。当她的声音中彰显自信时，同学们向她投来了赞许的目光。我立刻夸奖了她的出色，而后又让她担任了班歌中的领唱。当她那甜美的声音在班级响起时，同学们给了她雷鸣般的掌声。我看到她脸上飞扬着从未有过的自信的神采，心里默默地说："孩子，如果不尝试，你怎么会知道自己如此出色？孩子，人生中这样的机会可不多，要学会紧紧抓住呀！"

世界上没有才能的人是没有的，问题在于教育者要去发现每一位学生的禀赋、兴趣、爱好和特长，为他们的表现和发展提供充分的条件和正确的引导。

家长感言：

> 世上千里马常有，但伯乐不常有。欣阳并不一定是千里马，但您一定是独具慧眼的伯乐！发现每个孩子的优点与独特，并将其放大，让孩子充满自信与希望，这不仅彰显着李老师高明的教育方法、强烈的责任心，还饱含着李老师对孩子们的无私关爱。成功与失败仅仅一步之遥，愿每个孩子在充满爱心又细心体贴的李老师的鼓励式教育方法中满怀自信地走向成功。
>
> —— 欣阳家长

2011 年 9 月 15 日　　　星期四　　　天气：晴　　【开学第 18 天】

1. 我们帮着做值日

今日主人公：绽放美丽的小天使

中午，部分值日生要去彩排，不能按时参加值日了。她们向我告知了这一情况。话音刚落，几个同学便争先恐后地要帮着她们做值日。瞧，柏竹早已拿起黑板擦熟练而细心地擦起黑板了；看，泽昊早已一把笤帚在手，开始自己的扫地之旅了；看，春雨早已将桌椅一一排好了。

在劳动中彰显美，在劳动中绽放美，这群可爱的小家伙！

我准备外出学习时，在走廊中遇到了匆匆返回班级的守东，边走还边说："老师，我要帮……"

惊异于孩子们的变化，感动于孩子们的变化，那些曾经"事不关己，高高挂起"的孩子们，如今已全然融入了这个温馨的大家庭。每个人都在释放着自己的美丽、可爱！

2. "老师，我帮你放吧！"

今日主人公：真正的公主禹潼

今天故事的主人公是开学以来，给我带来莫大惊喜的女孩——禹潼。大而明亮的双眼，活泼开朗的个性，细腻敏感的心灵，高挑的个头，无不绽放着美丽。可是她的美丽却少有人欣赏，皆因她在上课时自制能力不强：画画、摆弄小物件，每隔几分钟手便不停地忙碌起来。

一提起她，任课教师不是摇头便是蹙眉。我从未声色俱厉地批评过她，总是耐心地提醒她，一有机会，便暗示她是个可爱的女孩。当她提出想当学委这一愿望时，我也没有断然拒绝，而是语重心长地对她说，当不当得上学委要靠她自己。当我发现她舞蹈基础很好时，又适时地表扬她是个多才多艺的女孩。教师节那天为老教师献花，看到她的出色表现时，我又赞赏地说："你今天像一个真正的公主！"并将其送入了花束队。

她对自己的要求越来越严了，上课时很少摆弄东西了，神情也越来越专注了，看我的眼神充满了深情。

中午，我刚要将手中的饭盒放入饭箱，她便立刻微笑着接过饭盒得体而又文雅地说："老师，我帮您放吧！"然后将饭箱中几十个堆放得杂乱无章的饭盒一一摆放整齐。

我在一旁静静地看着她，感悟道：教育者的人道使命就在于要使暂时落后的孩子也能感受到进步的欢乐，只有在这种条件下，他才是你的教育对象！

家长感言：

今天的花朵，不知明天在哪个领域绽放？小学时代应该培养孩子学习的方法及如何为人处世的态度。李老师的言传身教，正为孩子们养成良好态度及方法而奠定基础。老师，您辛苦了！

—— 文斌家长

2011 年 9 月 16 日　　　星期五　　　天气：晴　　【开学第 19 天】

1. 主动修改习作的女孩

今日主人公：热爱学习的畅畅

今早，畅畅——这个与之相交仅仅三个星期的女孩，补交了昨天忘带的作业。批阅时，我惊喜地发现她将上次没有得优秀的作文又重新改写了一遍。清晰的字迹、流畅的语句，彰显了她的努力和用心。

这哪里还是那个他人口中约束能力薄弱的女孩，哪里还是那个提起学习便令人蹙眉的女孩。

"孩子，你的态度决定了你的高度。加油，相信你定会成为带给他人感动与惊喜最多的女孩！"

2. "老师，我在等你呢！"

今日主人公：传递温情的钧钧

早晨，刚踏进校园，我便看见钧钧在台阶上焦急地张望着什么，便快步走向他。他看见我后眼神中立刻现出了神采，亲切地说："李老师，我在教室里等你，见你没来，我便到这来等你了。"

我低头看了看表，发现今天真的比往日晚了 3 分钟。这样微小的变化，竟然被孩子如此在意着。看来这平时看似不经意的 3 分钟，对于一个满怀期待的孩子来说该是一个多么漫长的等待过程啊！

被孩子如此爱着，如此在意着，内心立刻涌上一阵感动、一丝甜蜜。看着他在冷风中有些瑟缩着的样子，一阵怜惜之情便在心底蔓延开来，我抚摸着他的头说："天凉了，以后不要到外面来接老师了，老师尽量早到。"我攥紧那只小手进入了教室，那小手温暖有力，在秋风萧瑟中传递着默默的深情……

家长感言：

感谢李老师对刘畅的关心与鼓励，是您给她阳光和雨露，使她快乐健康地成长。

——畅畅家长

这学期开学后，我能明显地感受到钧钧的变化：首先，钧钧的午饭不再是只吃几口，每天回家都会告诉我吃得很饱；其次，钧钧的书写有了明显的改善，以前只有在我盯着的时候才能写得认真一些，离开我的视线，就又开始"龙飞凤舞"了，现在不用我看着，也写得不错了；最后，钧钧以前写作业总是边写边玩，现在认真多了。钧钧的变化很明显，非常感谢李老师！

——钧钧家长

2011 年 9 月 17 日　　星期六　　天气：晴　　【开学第 20 天】

1. 一朵芙蕖，开过尚盈盈

第一届校运动会有感

金秋送爽，丹桂飘香。在这满眼秋意盎然的季节里，记者、领导、师生、家长，汇聚在工大的万人体育场之中；白鸽、气球、花束、彩旗，缀成了一幅色彩斑斓的画卷；欢笑声、呐喊声、喧天的锣鼓声，汇成了一支动人心弦的交响乐；一架架"飞机"腾空而起，直入云霄。这就是我校盛况空前的体育盛会——运动会。

本次盛会秉承着我校"追求卓越，勇争第一"的办学理念，正如刘浩天校长在致辞中所说，本届运动会是家长、老师和同学们展示体育风采、促进交流的舞台，是我校体育活动—学科建设—学科文化系列工程的良好开端，教育活力得到了充分调动，学生技能和才艺得到了充分发展，有利于增进学生的体育情怀，做到学科有特色、班级有特点、人人有特长。

直至现在，我激荡的心海仍翻涌着难平的思绪，不禁提笔写下那心情，那感动，那难以忘却的记忆。

校首届运动会，是一个春的故事。这故事，应该是轻柔的和风，应该是凉爽的细雨；校首届运动会，应该是一首四月的小诗。这首诗，应该有新荷的艳红，应该有荷叶的碧绿。

这是一次带给我们颇多感动的盛会：感动于学校的育人理念；感动于社会的关注；感动于家长的积极参与；感动于全体教师的精诚合作；感动于孩子们的努力拼搏；感动于孩子们的泪水与欢笑……

无意采撷而采撷，因为一切太生动；无意回味而回味，因为一切太美好。

校首届运动会已经圆满落下了帷幕，然而我认为无论越过多少光阴回望，我们都会被其中的智慧和美感动着！

2. 致家长的一封信

亲爱的家长朋友们：

你们好！

虽然我们的相识刚刚开始，虽然我们仅有几面之缘或至今尚未谋面过，但我深知，一直以来，我们这个集体得到了你们无尽的厚爱，在你们的一路呵护下成长。

感谢开学前钧谊、泽昊家长的费心通知；感谢启明、耀博、小唯、妍妍、梓钰家长在假日里对班级物品的细心保管；感谢文斌家长热心为班级建立了QQ群；感谢运动会中，略略、启明、守东、铭洋、辰辰、泽昊、婧萱、梓钰、天雪、禹潼、柏竹、钧钧、箐箐、智远、郡郡、桉源、泓乐、小唯、硕阳、海涵、诗盟、艺凝、冀冀、畅畅家长的积极参与，全程陪伴，无私付出。

我知道，你们未曾在意过你们所做的一切，也曾说本无须再提起，我也深知你们奉献爱心时一定是不需回报与感谢，但我真的不能不说，也真的不能不将你们所做的一切一直铭记在心，成为幸福烙印！

我实在是一个普通的小学老师，而小小的我却被你们所理解、尊重甚至爱着。你们知道我也会疲惫、脆弱、不勇敢，也有心情不好的时候，也会生病，偶尔也可能有看问题不准确，处理事情不得当的时候。你们清楚我是那么全身心地爱着我的学生们，全身心地投入工作。真的谢谢你们没给过我那么大的压力，没对我有过过高的期望，但我依然会努力！

未来的日子里，想起你们，再难，我也会坚持！

也许冥冥之中注定，注定遇见，遇见一些人、一些事。遇见，真好！

我手写我心！祝健康平安！

李老师

2011 年 9 月 19 日

9 月 17 日 "致家长一封信" 家长回音壁

◎ 桉源家长：

看到您热情洋溢的《致家长的一封信》，我连读了三遍，看得出，您是在用心写这封信，您是在用心与每一位家长真诚地沟通！

在您的信中，首先写到与家长们相识是缘分，您很珍惜，然后您通过不到两个月的观察，将每一位家长的所为一一进行了总结（其实，与您相比，我真的做得很少，很是惭愧）。您由衷地赞美每一位家长，真的使我很感动！而对于您自己，您却谦逊地用"普通"一词来形容，读到这里，谁能不肃然起敬呢？

其实，从开学第一天您写给孩子的"心语丝丝"卡上的留言，从批改孩子作文的评语……您娟秀的字迹和丰富的内涵已显露无遗。您——并不普通，正相反，您才华横溢，这些我看得很清楚。

我要运用您信中的话："遇见，真好！"您把自己与每一位家长的缘分比作一朵纯美素雅的荷花，在记忆中盈盈地开放，这正是我所想到和希望的，将把这珍贵的师生之情永远铭记在心中！

桉源是个顽皮的孩子，有时候，做家长的都会失去耐心，甚至信心，可是您不！您在较短的时间里，运用各种办法去亲近他，正确地对待他的优缺点，很快地由陌生到亲近，消除了师生间的所有距离！现在，他每天愉快地去上学，放学回家，仍然精神饱满。与此同时，我欣喜地看到了他的诸多进步，比如：他能管住自己不接话了，做错了事情能主动认识并表示改正等。尽管他还有许多缺点，比如贪玩、不讲卫生、不好好吃饭、对同学不礼貌等。我知道这都是成长中的缺点，老师对他有信心，做家长的更要有耐心。我还要说桉源虽然顽皮，但他心地纯洁善良，在他幼小的心灵里，知道老师对他的好，满装着对老师的敬重。直到他长大，他将永远不会忘记老师曾经为他做过的一切。

让我们携起手来，将他培养成一个有素养的好学生。

李老师，您在信末发自肺腑地说："……我也会疲惫，也有心情不好的时候……我是那么全身心地爱着我的学生们……再难，我也要坚持！"我深深地被您感动了！忠诚党的教育事业，您将付出多么大的艰辛！老师，不论再苦再难，家长们都会支持、敬重、爱惜您的。

希望您百忙之中也要呵护好自己的身体，要健康！珍重。一定！

◎ 文斌家长：

李老师，您辛苦了！

欣赏您对工作的那份热忱，钦佩您对工作的那份责任，理解您在工作中的那份艰辛。

作为家长，衷心地道一声感谢！

孩子的成绩再好，也有高低之分；孩子的能力再强，也不能脱离集体，只有与人沟通，团结互助，融入集体之中，才是孩子真正而最最基础的一课。

真心希望在老师的努力下，在诸多家长的配合下，积极调动孩子们的主观能动性，把班级的风气及成绩提上去，收获双丰收！

◎ 航甫家长：

敬爱的李老师：您好！

开学至今，虽然只有半个月的时间，但是航甫在许多方面都有很大的进步。我想，这一切，都是您一点一滴教育的结果。相信在以后的日子里，孩子在您的带领下，会健康、快乐地成长。李老师，谢谢您对孩子的良苦用心，在未来的日子里，我们一定会支持您，支持您所做的一切！

祝健康、幸福！

◎ 毅男家长：

李老师：孩子交给您我一百个放心，他一点点的进步，您都能及时发现并表扬。您看，孩子进步了，上课也能回答问题了！谢谢李老师！

◎ 欣阳家长：

初识仅半月，已从您的教育方法、只言片语中感受到您的温婉、雅致、细心与周到。一位好老师胜过读万卷书，感谢老师的悉心照顾。您那赤诚的心，教给孩子们自信、自爱、团结、奋进。我们更将努力，配合老师，关注孩子的成长！

◎ 婧萱家长：

尊敬的李老师：您好！

相识有近一个月的时间了，但我们见面只有运动会一次，每天通过孩子的叙述，对您也有了一些初步的了解。您从小事、细微的事情来感化孩子，我们作为家长感到非常高兴。从握笔的姿势、看书的姿势、吃饭的多少，都可以看出您是一位非常细心、耐心的老师。您对孩子日常生活也非常关心，而且在这么短的时间内可以透彻地了解每个孩子的脾气秉性，我们家长都很佩服。千言万语尽在不言中，感谢老师对孩子的关心爱护。作为家长，我们会努力配合老师做好孩子的培养与教育工作。祝老师顺心如意！

◎ 梓钰家长：

李老师：您好！

自开学以来，孩子的学习积极性提高了，能主动安排好学习时间。这和李老师的教导是分不开的，我作为家长一定配合好老师。李老师，让我们共同努力。

◎ 箐箐家长：

尊敬的李老师：

您好！

很高兴能有机会和您进行这样的交流。

转眼孩子开学已半月有余。说实话，在最初听到要换老师时，我有些担心。同样作为一个孩子的母亲，我想您一定能够理解。作为我来说，目前最希望的不是孩子多么优秀，成绩多么突出，而是能够健康、快乐地成长。宋老师年纪大些，心很细，也了解孩子的身体情况，突然要换一位年轻教师，我多少有些顾虑。但是，我们第一次通话就完全打消了我的疑虑。您比我的"要求"还高，不但"身"要健康，"心"也要健康快乐。

这之后，孩子的变化也很让我欣喜。学习的主动性提高了，而且比起家里更喜欢待在班级。每天回家都会提到一些趣事：班歌啊，李老师讲的故事啊，李老师说了什么啊……我想这背后您一定付出了很多的辛苦和大量的精力。

当然，您的付出还不止于此，每次作业都能看到您认真的批语，更让我感动的是每课生字您都要给打字头。四十个孩子呀，会占用您多少时间啊！

一位好老师可以点亮希望的明灯，我想您就是那盏灯，一定会照亮孩子心灵的每一个角落！

◎ 柏竹家长：

李老师：

您好！

通过这短短的三周，我也能感受到您为孩子和班级付出很多。在这短短的三周里，孩子已有很大的变化，学习的热情明显高涨。家长能为孩子和学校作出一点点贡献是应该的，以后，我一定尽我所能地帮助您和孩子们，让我们这个大家庭更好。正如您所说：我们的相遇真好！我觉得您真的是一位好老师。

◎ 耀博家长：

虽然未曾谋面，更谈不上什么了解，但从孩子的一些只言片语，能看出他对李老师发自内心的贴近。从孩子的作业本中，看出您是一个认真负责，并且内心非常柔软的老师。希望在未来的两年里，我们一起努力，让孩子们都能成绩好、身体好，实现我们的心愿！

◎ 硕阳家长：

老师：您好！

您是个出色的充满阳光的老师，您给五年一班注入了活力。我为孩子有您这样的老师而欣慰。遇见您，真好！

硕阳性格懦弱，胆小怕事，语文基础不好，希望老师多帮助她，多提问她，从各个方面给予关照，让她开朗向上。谢谢老师，您辛苦了！

◎ 启明家长：

尊敬的李老师：您好！

您的耕耘与付出，我们会永远铭记！您对孩子们的呵护与关爱让我感动！无论是您还是我，我们都为我的孩子——您的学生健康快乐地成长！一个家庭的美好未来奠定基础！希望李老师在未来的日子里对启明多多关照！

祝您心想事成，笑口常开！

◎ 天雪家长：

李老师：您好！

我看了信后很受感动，您接班时间虽短，但孩子反映极好，特别是为了让孩子尽快提高思想素质和拓展知识面，采取很多方法，用心良苦。家长非常感谢！在今后的学习中，我们定会积极配合，全力支持老师的工作！

◎ 婉彤家长：

读完您的《致家长的一封信》，我被深深地感动。您太客气了，您和孩子们朝夕相处，工作量与责任心是我们家长的百倍。家长对您工作的支持是应该应分的。您的所作所为是为了谁？我们家长是心知肚明的。谢谢您，李老师。

◎ 泽昊家长：

由衷地感谢老师真诚的表白。透过这封信可见您的细心与认真，我相信您将以饱满的工作热情和认真的工作态度来教导孩子们。我个人认为五六年级是孩子们的关键时期，对其成长有着深刻的影响，是巩固优点、克服缺点、去掉毛病、养成良好学习和生活习惯的黄金期。作为家长，我们愿意也应该配合学校和老师共同完成孩子这关键时期的教育工作。

◎ 泓乐家长：

李老师：您好！

短短的三周，从孩子的言谈表现和学习情况来看，您是一位富有爱心、责任心的好老师。孩子们在很短的时间内接受了您，并快乐地在您的教导下学习。相信付出总会有回报，您点点滴滴滋润孩子们的心田的教诲，孩子们将会铭记在心，并受益终身。

谢谢您为孩子的进步和成长所付出的辛苦和努力！

只要孩子心里洒满阳光，只要有利于孩子进步，作为家长，我会永远支持您和敬爱您！

◎ 郡郡家长：

新的学期，新的起点，新的老师，是孩子又一个新的起点。无论什么变化，希望孩子的童年是快乐的，学校的生活将成为孩子们一生永远的记忆，每一位老师都是孩子成长的园丁，是他们每一个进步和成绩的原动力！

◎ 妍妍家长：

李老师：您好！

虽然我们仅有一面之缘，但我能感受到您在孩子身上倾注的爱心，以及孩子与我谈起在校每一天发生的细小事情，我感受到的是一位无微不至、事必躬亲（为女同学细心准备生理备品等）的好老师，让我觉得有些事您比我这个做母亲的还要细心。虽然我们没有沟通过，但在教育孩子方面，您比我有经验，在孩子学习以及班级生活上有什么需要配合的，请告诉我或让孩子转达，我会支持您。请不要忘记您的身后有一个坚强的后盾群，那就是我们家长及孩子共同组织成的超强助阵团！

◎ 春雨家长：

尊敬的李老师：晚上好！

谢谢李老师对春雨及所有孩子的关心、呵护和照顾。说实话，这是我们作为家长最想看到也最欣慰能够看到的。这学期，春雨因为身体问题的确给您的教学制造了困难，带来了不便，虽然我们不愿，但您对此表现出的善解人意和包容着实值得我们敬佩！

关于李老师的教学方法，我是认可加支持的。您教育孩子时能够顾及孩子的感受，从孩子的心灵出发去帮助他们认识世界，解决难题，这种耐心与执着难能可贵！您要求孩子练字，不辞辛劳地给每一个孩子逐一打字头，鼓励孩子背课文，那些课文可都是语文的精粹和语言大师们心血的结晶，这一切我都打心眼里赞成并积极支持！

祝心想事成，万事顺意！

◎ 函泽家长：

感谢您对孩子的关心，以前孩子在家很少锻炼，我看到您为孩子们照的照片，感受到您对他们的爱，对他们的关心。真的非常感谢您！

◎ 嘉炜家长：

李老师：您好！

我们虽然没有见过面，但是，我通过孩子对您也有了一些了解。您教学严谨、认真，您的知识是那么渊博，您的教育指引我的孩子向人生的道路上迈进。感谢您和我们一样关爱着孩子，感谢您对孩子的鼓励。在您的引导下，孩子变得有礼貌了、懂事了，孩子交给您，我很放心。为孩子的进步，您付出了大量的心血，我们感谢您。

李老师，您辛苦了！

◎ 东东家长：

尊敬的李老师：

您好！读了您《致家长的一封信》，我很感动！同时，我的心里也感到莫名的温暖……您让我感到意外，也对我的心灵给予强大的触撞！一直以来，我深深地钻研于古人的教子方法，对孩子有些过于苛刻，尽管如此，我还是不曾改变心里已经产生的属于自己的理论。未曾做事，先学做人，一直是我对待孩子的教育宗旨。所以迄今为止，我没有让孩子学习一个课外班，因为我不想累孩子，更不想累自己！我不苛求他成绩如何优秀，但我却在意孩子的独立，在意他的爱心，在意他的语言能力、处事能力。在成绩和品质之间，我选择品质，但也绝不会忽视成绩。

读了您的信，我开心，我快乐！因为有您这样的人成为我儿子的老师！说真的，我从来不同孩子的老师沟通，但您能改变我，我也隐隐地感觉到我们已经是朋友了。孩子喜欢您！每天放学回家，看见我的第一件事就是说起您。今后我会主动、及时地与您沟通，我会努力与您一道去教育好孩子。

"师者，所以传道授业解惑。"呵呵，是不是给您增加压力了？其实我感觉孩子的教育不仅仅是学校教育，家庭教育和社会教育也至关重要。

正如您所说，遇见就是缘。但愿我与孩子同您的情谊地久天长！我要成为您的朋友！

最后，祝福李老师桃李满天下！身体健康！开心快乐！

◎ 小唯家长：

尊敬的李老师：您好！

我们一家三口认认真真地看了您的《致家长的一封信》，您的文笔很好。我们真的很感动，也非常感谢您在继尊敬的宋老师后接任我女儿的班主任，让我女儿的小学生活充满快乐，健康成长。我们为女儿如此的幸运感到欣慰，谢谢！

记得在放暑假时，小唯在外地的姨妈家，我在 QQ 上和她说要换班主任的事，她当时就无话可说，泪流满面，好不可怜。然而，随着开学的这些日子，我们看到孩子很开心。几乎每天都要说李老师很幽默，李老师的课讲得真好，李老师做事很公正，李老师对我们每个同学都好……您知道，孩子不说假话。我能看得出您走进了她的生活，走进了她的生命里！她很开心，很快乐。每天认认真真地写作业、背课文、预习，她对学习更感兴趣了。这一切我们都看在眼里，喜在心上！非常感谢您！！

这些日子，小唯每天一进家门就在唱《让爱住我家》，我仔细地听，听着一句句实实在在的话语，她骄傲地对我说是我们李老师改的词。我真的好感动！也让我们家长从中受益匪浅！我们要感谢您！

小唯的视力不好，她说您也建议她配眼镜，在这之前我一直在商量她去，她一直不同意。可您这次一说，她就同意了。看来她喜欢听您的话！所以恳请李老师在今后的日子里，多为她操点心。她也许还太小，不太懂事，身上的好多缺点和毛病请李老师及时发现并及时批评纠正。我们也一定努力配合老师教导她，让小唯成为心理健康、德智体美劳全面发展的优秀学生，将来成为国家的有用人才！

李老师，您辛苦了！祝您身体健康，家庭幸福！

2011 年 9 月 20 日　　　星期二　　　天气: 晴　　　【开学第 23 天】

1. 快乐的人间天堂

今日主人公: 两个可爱的小天使

早上，我惴惴不安地推开教室的门，怕眼前出现上次学习归来时看到的那令人惨不忍睹的情景。我闭上双眼，深深地吸了一口气，稳定了一下心绪，慢慢地睁开眼睛一望，整齐的桌椅，洁净的地面，无处不彰显出细致、精心的辛勤付出。

通过了解情况，知道了那是放学后小唯、柏竹的密切配合与辛勤付出后的成果。

集体，不，这家，有这样可爱的天使存在，不就是快乐的人间吗？

2. 惊喜不断

今日主人公：进步明显的辰辰

开学以来，辰辰的变化带给了我们太多的惊喜：不再迟到了，主动参与班级活动，热心帮助他人做值日……同学们投向他的不再是怜悯、同情的目光，而是惊喜、敬佩的目光，他稚嫩的脸上无不洋溢着自信的光芒。

第三节自习课，在我的鼓励、引导下，他又破天荒地开始在校主动写作业了。而且我惊异地发现他竟然异常聪明，写字的姿势标准，写字效果进步明显，查字典的速度惊人。

孩子，不知你有没有发现，其实你真的很棒！

家长感言：

辰辰的变化太大了，每天都给我新的惊喜。也许他从来没有体会到这种被集体认可的快乐，晚餐桌上给我讲发生在学校的故事，自己也成了故事的主角，我们看到了他眼神中的光彩。李老师的这句："相信而且坚信，给他力量、鼓励，仅此而已。"指导我这个问题妈妈勇敢前行。

——辰辰家长

每个人的进步，不代表超越别人，而是超越昨天的自己。欣赏李老师对孩子所付出的一切，由衷地谢谢您！

——文斌家长

世界上最伟大的力量

今日主人公: 充满才情的毅男

　　今天语文课上，那个曾经十分羞涩、十分胆怯的小男孩——毅男，又语出惊人地发表了自己的感悟，赢得了同学们啧啧的赞叹和雷鸣般的掌声。我亦向他颔首微笑，投去我赞许的目光。看着他自信的面庞，投入课堂那专注的眼神，我知道他已完全战胜了自我，走出了自卑的泥沼。

　　开学初，在第一次日记中，他流露出了淡淡的忧伤和悲观的情绪。我的心便隐隐地痛了。我深知，一定是生活中的一些人、一些事成了这个年仅 10 岁的孩子生命中无法承受的生命之重。

　　安慰他，可行; 劝解他，应该。但对于这样一个敏感而脆弱的孩子，我觉得这些都不是最佳的方法。到底从哪里入手呢? 我辗转反侧，夜不能寐，痛苦一直焦灼着我的心。

　　在随后的几次作文中，我发现他的文笔虽稚嫩，但清新、流畅，尤其是能用"我手写我心"，完全是内心的独白。对，就从这里切入。

　　于是，课后在一一评价习作时，我着重地表扬了他具有文学家的气质、作家的才情。看到他眼中一闪即逝的神采，虽因想起什么而立刻黯淡了下去，但我敢断定，他的内心一定起了波澜。从那次之后，只要机会适合，我都会尽可能地表扬他，表明我对他无比的欣赏。

　　渐渐地，他愿意长久地注视我，目光亦在我身上长久地流连。就这样，他的面色越来越红润，眼神越来越有神采，偶尔也会在课上发言了。

　　今天课间，我正在翻看略略家长洗好的运动会的照片，他竟悄然走到我身边，问我: "老师，我在哪呢?"因为他妈妈跟我说过，这个孩子很少主动与他人交流，更别提主动与老师交流了。惊诧之余，我边用手点着他的小鼻尖边笑着说："你不是在这嘛！"他马上意识到了自己表达上的漏洞，羞涩地笑着说："照片上，我在哪？"我便指给他看。他看后居然用手捂着脸滑稽地说："照得真不好看。"我笑着说："你什么时候都超级帅！"听我这么一说，他便开心地笑着跑开了。

这是我与他独处时间最长的一次，我敢断言，也是他主动与老师愉快交流的第一次，也必将是他迈向成功的第一步！

瞧，你成功了！看，我欣赏着！

世界上最伟大的力量就是改变的力量！

家长感言：

谢谢李老师这么关注我的孩子，使我的孩子有了很大的进步，我真的很感激您。看了老师写的日志，我渐渐明白了一个道理，老师是一盏灯，将照亮我的一生。

——毅男妈妈

2011 年 9 月 22 日　　星期四　　天气：晴　　【开学第 25 天】

孩子，超越，在万山之巅！

今日主人公：书写传奇的春雨

一次次的鼓励，一次次的赞赏，一次次的相信，改变了这个孩子，也成就了这个孩子。唯其有爱，才能书写教育的神话！失去爱，我们将失去一切！

语文积累本上那图文并茂、彰显才情的设计；校刊与文学社名称征集中踊跃地参与，并最终获得了三等奖；数学课上 100 以内质数准确无误地背诵……这就是那个不断带给他人惊喜的春雨，爸妈口中所谓的内向羞涩的男孩。

你选择了什么，你就成就了什么，于是有了负重一生的蜗牛，也有了逍遥一世的沙鸥。

孩子，加油！孩子，超越！在万山之巅，永无止境！

家长感言：

唯有师之大爱，才有孩子之美好未来！

—— 春雨家长

2011 年 9 月 23 日　　星期五　　天气：晴　　【开学第 26 天】

1. 我们来到了双阳石溪小学

今天上午 11 时左右，我校领导、部分教师（送课教师及听课教师）及我班全体学生乘坐大巴从学校出发，驶向了双阳石溪小学……这是我校首次开展的"送课下乡"的联谊活动。

一、一路秋风一路情

以名师"送课下乡"活动为载体，实现城乡教育资源互补，增进城乡教师的相互学习，既使上课教师从中得到锻炼，又使听课教师从中受益，从而提升教师业务素质。

除送课外，我校师生还与该校师生进行了联谊活动。我班同学带着全校学生们捐献的书籍、学具等慰问品，欢天喜地地坐上了汽车，谈论着，想象着要前往学校的样子，欣赏着窗外秋天独有的美景。经过近 2 小时的车程，我们到达了目的地——双阳石溪小学。

这是一座彰显着乡村独有气息的小学，低矮的平房，简单的设施。但整洁的校园、淳朴的师生，让我们不由得心头感到阵阵暖意。初识，一张张笑脸便已甜在心，把城乡师生的友情写进了心里。

二、见面手拉手，你是我的好朋友

虽然城乡差异明显，但孩子们却在很短的时间里熟识了、亲近了，播下了友谊的种子。互赠书籍、友情画等将孩子们的心紧紧地连在了一起，孩子们在友谊的活动中交流着思想，交流着学习收获，交流着感情，收到了互助互进的良好效果。

三、体验农村学习生活，学习优秀品质

通过本次体验教育，使孩子们从石溪小学的学生身上学习到了吃苦耐劳、勤俭节约、克服困难、顽强学习的优秀品质，增强了孩子们学习的动力，也让孩子们开阔了视野，增长了许多方面的知识和技能，全面提高了孩子们的综合素质。

回来的路上，孩子们意犹未尽，不时向我询问下次什么时候能来，还说着"今天真开心！收获真大！"这样的话。开心着孩子们的开心，快乐着孩子们的快乐，感受着孩子们的成长。

这样的活动真好！

2. 生命的厚礼

结束与双阳石溪小学的联谊活动返校后，我耐心地等待家长将孩子一一接走。当最后一个学生被接走时，太阳早已吝啬地收起最后一线光亮，月亮还没有出来，留下的只是满天的云霞，轻轻地亲吻着城市的每一个角落。

在疾风中走回来时，我觉得自己像是被吹得浮起来了，我却依然昂首前行，黑暗中没有人看见我幸福的笑容。高大的杨树在夜色中点染着凉意——这已近深秋了。与所接新班学生、家长相处的日子越来越多，遂觉得我的心像一张新帆，其中的每一个角落都被幸福吹得那样饱满。

孩子们的眼神开始越来越长久地在我身上流连；今天又因要与我同坐一排而争得面红耳赤；归来后，因低年级使用而使教室一片狼藉后一张张盛怒的脸；禹潼、钧谊、王澜、辰辰、海涵、泽昊、欣阳不顾疲劳而不停忙碌着收拾教室的情景；操场上这些家长理解、宽和的笑容、耐心等候的身影……

早已过了大喜大悲的岁月，早已过了伤感流泪的年华，但我仍觉有泪从腮边滑过，被一种幸福浸染着。

其实自己每天只是尽心地做着自己该做的事情，承蒙学生、家长厚爱。想来，生命之宴也是如此。

生命的厚礼，原来只是赏赐给那些肯于付出的人！

9月23日去"双阳石溪小学联谊活动"家长回音壁

◎ 耀博家长：

9月23日和双阳石溪小学的联谊活动着实让我儿子又兴奋得睡不着觉了，这已经是第二次了，上一次是因为开运动会。

这次活动我个人认为很有意义，儿子回来后的兴奋劲儿更加肯定了我的想法。他回来后向我描述了这一天所见到的新鲜事和认识的新同学，还拿出石溪小学同学赠送给他的画向我炫耀，告诉我他看到的石溪小学和自己的学校有什么不同，喋喋不休地和我讲了1个多小时。我认为这次儿子最大的收获不仅仅是认识了许多新朋友，更重要的是让他了解农村小学的学习环境和农村小学生求学的艰辛，认识到自己的学习机会是多么的宝贵。

感谢学校和老师给予孩子们这次珍贵的机会，让他们学到了一些课堂上学不到的东西。我相信这对他们以后的学习和生活会有很大的帮助。作为家长，我希望学校多举办类似的活动，我们一定尽力配合，谢谢！

◎ 梓钰家长：

通过学校举行的这次活动，我能看出孩子的内心有了很大的变化。

回来后，她给我描述了双阳石溪小学的校园环境以及和孩子互动的整个情况，然后深有感触地对我说："妈妈，他们那里太艰苦了，我感觉我的学校像花园，我穿得像公主，我一定好好学习。"看得出孩子把这次活动深深地印在心里了，这对她的成长有很大的帮助。我作为家长，对学校领导、老师表示衷心的感谢，希望学校多举行这样的活动，让孩子从内心学会怎么做人，怎么感恩。

◎ 天雪家长：

双阳一行，感觉孩子受益匪浅。无论是树立爱心，还是增进友情，都让孩子们受到了很大的教育和收获。同时也开阔了孩子们的视野，孩子很开心，家长很高兴。希望这样的社会公益活动多多开展。

◎ 柏竹家长：

孩子对这次双阳之行非常开心和骄傲。她在那里认识了很多朋友，又和那里的老师和同学一起做了游戏。她还收到石溪小学同学赠送的礼物，特别高兴，就像得到了宝贝一样。经过这次出行，孩子学会了交流，愿我们的学校多一些这样有意义的公益活动。

◎ 欣阳家长：

孩子回来后，兴奋地说："我们班要代表学校到双阳石溪小学示范教学，我和同学们非常骄傲。"我们家长也为孩子拥有一位好老师感到荣幸和自豪。

孩子通过与外校师生的接触、交流，发现了一个完全不同的环境却又有相同心意的人群。用他们幼小的心灵体验了生活的冷暖，用他们独特的眼睛观察到了别样的生活。他们的理解是向上的，有时又是幼稚可笑的。这一方面反映了童心的纯真，另一方面又在告知家长，他们还需要引导和教诲，树立正确的世界观、人生观、价值观，要学会包容、坚韧、真诚和感恩。要学会如何正确观察、看待事物，而不是无知、随波逐流。

让我们与老师共同努力，关注孩子的成长。

◎ 航甫家长：

这次手拉手活动，对孩子的益处很大，家长的感触也很多。

首先，现在的孩子就像温室中的花朵，根本经不起风吹雨打。应该让他们看一下那里孩子的生活和学习环境，体验一下生活的不容易。

其次，通过手拉手活动，孩子们在一起交流，在一定程度上改掉了他们的一些坏习惯。

最后，这次活动，让孩子无论是在行为上，还是心灵上，都有一些震撼，促进他们健康、快乐地成长！

◎ 铭洋家长：

尊敬的李老师：您好！

前几天听胡铭洋述说了你们班去双阳石溪小学的联谊活动。

作为家长，我认为此次联谊特别有必要，非常好。

首先，对孩子而言是一种侧面的教育，让孩子感受到了农村小学校与城市小学的不同之处，对他们今后的学习生活有很大的帮助。

其次，本次活动使孩子对社会的奉献爱心活动产生了浓烈的兴趣，希望学校今后能多举办一些类似的联谊活动，使孩子能真正地在德智体美劳方面得到提高。

最后，孩子是我们的未来。希望在我们的共同努力下，把孩子培养成一名对社会和国家有用的人。

◎ 守东家长：

2011 年 9 月 23 日，孩子学校开展了一次联谊活动，非常有意义。潜移默化中让孩子懂得社会中学习条件好的地方和贫困地区的差异，还有孩子之间的思想差异、学习差异，更为可贵的是，无形当中让孩子知道，条件不好的地方也有优秀的孩子。

　　这次联谊活动让孩子懂得了观察，观察环境、教学场地和校舍，等等。孩子的精神面貌不同，同学之间的称呼、衣着打扮和玩的东西等都不一样。让孩子能够发现社会中不一样的东西，既新鲜又有积极的推动力。

◎ 桉源家长：

　　2011年9月23日，在李老师的带领下，刘桉源随班级参加了在双阳石溪小学进行的一次联谊活动。我认真地听他讲了活动的经过，感到这样的活动很好，能使学生们受到极大的教育。

　　桉源说石溪小学地处偏远地区，无论是该校的设施、环境，还是学生们的穿着打扮、学习用品、家庭情况，都不如城市孩子优越，可是那里的学生都很朴实，有的同学很快就和他认识了，还将自己画的画送给了刘桉源。他们学习、画画都很用功，对自己的生活很珍惜，生活很乐观，很值得自己去学习。自己在长春这样的城市里，学校很爱护学生，为学生创造良好的学习环境，各位老师都认真备课、认真授课，自己有时不好好听课，为此心里很惭愧。今后要珍惜自己所拥有的一切，遵守纪律，好好勤奋地读书。

　　作为家长，孩子愿意参加这样的集体活动，我很欣慰。他和我一起做活动前的准备，当天早早起床，生怕起晚了影响参加活动。来回路上坐车几个小时对他的体力和耐力都是锻炼。和同学们一起参加活动，增强他的集体观念；到不同的环境去感受异地小朋友的学习和生活，使他开阔了眼界。

　　想到了自己过去不曾想过的事情，从而启发自己要改正缺点，要像双阳的同学那样好好学习。我觉得类似这样的活动对他是有好处的，尤其五六年级是小学的最后两年，从德育教育方面考虑，学校开展这样的活动很有必要，希望以后在不影响学习的情况下，继续开展类似的活动。

◎ 春雨家长：

儿子班级在学校组织的"送课下乡"活动中有幸被选中，使得这些从小衣食无忧在"蜜罐"中长大的孩子们受到了一次良好的心灵洗礼。

儿子回来后兴致勃勃且又意味深长地对我们讲起这次意义非常的双阳送课之旅。他们在游览了沿途的美景之后，来到了石溪小学。进入小学参观时，儿子发现那里的桌椅及教学设备远远不如自己学校的条件，但学生们依然克服一切困难，努力学习，努力成长。后来，两个学校的同学在一起打起了排球、羽毛球等，相处得非常融洽，分别时，彼此都已经依依不舍。儿子还带回了双阳石溪小学的朋友赠送的三幅图画。图画是小学生们手工绘成的，背面还有精心制作的心形卡片，上面留下了那些孩子各自的信息和他们发自内心的祝愿。

看着那些美好的祝愿，欣赏着孩子们用心画成的精美图画，我的内心被孩子们一阵阵地感动着，真心希望这些纯真无邪的花朵都能茁壮成长为未来的栋梁之材！听着儿子神采飞扬的描述，看着他若有所思的眼睛，我希望儿子能够从这次送课活动中感受到美好的友情和学校举办这次活动的良苦用心，希望他能珍惜自己拥有的一切，并能慷慨地帮助别人，从而更快乐地丰富自己的人生！

2011 年 9 月 26 日　　　星期一　　　天气: 晴　　【开学第 29 天】

1. 值得永远珍藏与回忆的"秋天的怀念"

前往双阳石溪小学送课活动有感

又是秋天，这是一个令我难忘和感动的秋天。前往双阳石溪小学的送课活动虽然结束了，但这段宝贵的经历也一定会成为我从教生涯中一份沉甸甸的值得永远珍藏与回忆的"秋天的怀念"。

我接到讲课任务后，连续数日的食不知味、夜不能寐，对课的设计的思考、否定，再思考、再否定。思考是痛苦的，否定自我也是痛苦的。

此刻的我，面对着《秋天的怀念》，"欲说还休，欲说还休，却道天凉好个秋"，却又"别有一番滋味在心头"。我好像掉进了一个深不见底的旋涡，这样的煎熬一直持续到试讲以后。

感谢试讲后，刘校长对我的课的设计从宏观和微观上的调整，使得修改后的设计彰显着一份难以言说的精致与唯美、儒雅与厚重。刘校长点评的姿态很特别，那是一种切肤的体认，是一种难以描摹的熟悉与亲切。虽简短，却真切、灵动。

感谢张主任对我的教学设计提出的有针对性的建议；感谢王琢、方玉强老师在百忙之中精心为我制作了课件，给予了我莫大的支持；感谢全体同人的无限关怀与鼓励，带给了我无限温暖的感动与道不尽的感激。

很荣幸能成为"送课下乡"的一名代表，我深深地知道这里面承载着领导多少的鼓励、肯定与赏识。衷心地感谢校领导给予我这次参加"送课下乡"教研活动的机会，因为在这次活动中受益的不单是乡下的教师，还有送课教师自己。

"送课下乡"为送课教师提供一次锻炼和考验的机会。既然是送课下乡，我们就要思考送什么，怎么送的问题。

"送课下乡"为送课教师提供一次学习和教育的机会。在送课下乡的过程中，我们不只是输出者，也是受益者。坐上车，走了一段不是很平坦的路，坐在一间不是很宽敞的教室，跟一个个朴实得不能再朴实的老师分享教学的苦与乐、成与败，我们不但了解了乡下教育的真实现状，而且灵魂得到一次次升华。

"送课下乡"为送课老师提供一次成长和成熟的机会。教师的专业化成长一般分为三个阶段：第一阶段叫初级阶段。该阶段，教师的主要任务是学会操作，掌握教师必备的各项技能，在这一阶段能达标的教师，被称为"合格教师"。第二阶段叫中级阶段。该阶段，教师的主要任务是在教育教学中会创作，形成个人独特的教学风格，在这一阶段能达标的教师，被称为"特长教师"。第三个阶段叫高级阶段。在该阶段，教师能把自己长期积累的教育教学经验向其他教师传播，在他周围逐渐聚集起一批有志于研究和发展这门学科教学理论与模式的教师，在这一阶段能达标的教师，被称为"专家型教师"或"学科带头人"。

本次"送课下乡"活动，为我们向专家型教师发展提供一次宝贵的成长成熟的机会。讲课后，许多教师赞叹我语文功底的深厚，许多老师围着我向我请教语文成功教学的经验，索要讲课资料，这难道不是作为一位教师的快乐与幸福吗？

《秋天的怀念》是当代著名作家史铁生的散文名篇，是作家用凝重的情感笔触，用深邃的人生思考凝练成的感人文字，真人、真事、真情感。课文蕴含的母爱令人感动，"好好儿活"的人生启迪引人深思。这篇课文语言朴实无华，情感真挚细腻，堪称经典。

从教材特点、年段特点出发，在教学中，我着力体现以下设计理念：

1. 凸显语文的学科特点和学科品性，实现工具性与人文性相统一。人文性的根应该深深地扎在语言文字里。为此，在教学中，我引导学生读文、解字、品词、析句、关注标点，这些类似的设计都意在引导学生凭借语言文字，感受课文内容。这样的设计让课堂处处充满语文因素，让学生充分地获得丰富的语文素养。在这样的语文学习实践中，学生获得了人文情感的熏陶与濡染，实现了作者、编者、教者、学生的"四心"交融，"四情"统一。

2. 实现学习方式的转变，让学生经历自主建构的学习过程。

3. 强化各领域的整合，立足课文整体，达成识字、阅读、表达等的综合效益。高年段的识字教学应有别于低、中年段，生字"瘫痪""憔悴""砸""摔"的教学体现了由字理识字至字理析词再到字理阅读的过程。在这样的过程中，汉字的音、形、义与具体的语言环境，与鲜活的语言实践紧密联系在一起，增强了学生对字词的整体感悟能力，并引导学生进一步潜心会文。

自从接到讲课任务，我就变得日益憔悴。课文中的母亲在"憔悴"中彰显伟大，我在"憔悴"中锻炼成长。

有这样一次宝贵的经历，我会逐渐懂得语文教学的要义，我们的小语教学也应该像那绚烂的菊花一样，淡雅、高洁、热烈、深沉；让我们吉林大学附属小学的全体同人在刘校长的领导下，好好教，好好活……共同收获一个属于自己的烂漫人生。

2. 教师、家长的首条金科玉律

今日主人公：欣然接受意见的辰辰

"辰辰，能将地上的书捡起来吗？""嗯，好！""辰辰，可以和别人坐得一样好吗？"他用力地点头……

面对他惊人的变化，回想起他曾经的任性与执拗，使我深深地懂得：我们手中掌握的是世界上最宝贵的财富——人。我们应该如同雕刻家雕刻大理石那样去塑造人。

尽可能地深入了解每个孩子的精神世界——这是教师、家长的首条金科玉律。

家长感言：

辰辰现在做事情积极了、主动了、有热情了。我作为家长除了感动，更多的是感激，对李老师有一种无法形容的感激。李老师是让孩子的人生变得精彩的天使！！

——辰辰家长

2011 年 9 月 27 日　　星期二　　天气：晴　【开学第 30 天】

1. 真正的、大写的人

今日主人公：机灵可爱的泽云

中午营养餐的派送又出了问题，畅畅去取饭时发现饭箱中已空空如也。她焦急地向我告诉这一情况。"谁能到楼下……"我话音还没落，那个身手敏捷、伶俐可爱的泽云早已放下手中的饭盒冲了出去。不一会儿，便拿着一盒饭兴冲冲地回来了。他气喘吁吁地对畅畅说："给你饭。"说完，用手抹了一下渗着细密汗珠的、红扑扑的小脸，甚是可爱。

曾几何时，我们只是看到了他的淘气，只是看到了他欠佳的成绩，我们又何曾细心地发现过他身上的这些闪光点呢？生活中，他关爱他人；赛场上，他努力拼搏；做事上，他严谨认真。

如果用欣赏的眼光去关注孩子，我想：未来就会多一个文学家、思想家、哲学家，抑或这些都不能成为，又有何妨呢？因为他定会成为一个真正的、大写的人！

2. 唯有信赖才能改变孩子

今日主人公：拾金不昧的畅畅

放学后，畅畅主动将捡到的 5 元钱交给了我，辰辰便将 5 元钱领走了，前后不超过 2 分钟的时间，然而这 2 分钟带给我的震撼却非常大。回想她中午为我取饭后悄然离开的身影，想着她主动要求担任值周生时热切的眼神……

唯有相信，唯有信赖，唯有尊重，才能改变孩子，才能成就孩子。扪心自问，我们是否在孩子需要这些时真正给予他了呢？

假若世界总是似母亲的眼睛看着孩子的内心，假若孩子在未来生活的道路上，一切都像母亲那样善良，那么就会减少许多悲剧了！

家长感言：

世间不缺少美，只是缺少发现美的眼睛。幸运的是五年一班降临了爱的使者，她会将这里变成美与爱的世界！

——文斌家长

2011 年 9 月 28 日　　　星期三　　　天气：晴　　【开学第 31 天】

1. "墙妈妈，我帮你擦擦脸吧！"

今日主人公：爱墙护墙小卫士

语文课前，我将靠墙一侧的桌椅与中间一组并在了一起，以便让同学看到那面开学仅仅不到一个月就被摧残得憔悴异常，令人不忍目睹的"墙"。我严肃地对孩子们说："昨天，墙妈妈，向我哭诉了她悲惨的遭遇，希望同学们能手下、脚下留情，还她一张干净、整洁的脸。"孩子们开始时还当作一个笑话，嬉笑了一阵。但不久，便安静下来。而后，我看到了一张张凝重的面孔。

下课了，桉源便立刻拿出自己的一包湿巾，来到墙前，细心地擦了起来，随即，泽昊、王澜也加入了这个行列。在三人的通力配合下，墙妈妈慢慢现出了本来面目。这几个孩子开心得不得了，脸上像绽开的春花一样灿烂，还不时地提醒过往的同学不要弄伤了墙妈妈。其他同学，有的坐在自己的座位上谈论着什么，有的在后面三五成群、兴趣盎然地玩着悠悠球。也许墙边发生的这一幕他们未加留意，也许墙体发生的变化他们未曾在意，但是我相信，如果墙能说话，那她一定会说出这世上最动听的语言。那语言，也只有心灵最美的孩子才能听见！

第一章

2. 我爱我的家

今日主人公：最优秀的值日生

今天中午的值日生是畅畅、航甫、泽昊、嘉炜这四个小家伙。他们各司其职，不但地扫得干净，地拖得认真，桌椅排得整齐，备品摆放得有序，而且互相配合，密切协作，听从值周班长启明的调遣。

值日后，教室里窗明几净，身处其中觉得格外温馨、舒适。

感谢你们，你们是最优秀的值日生！

家长感言：

> 李老师，真的很感谢您，航甫的爸爸晚了 1 个多小时才去接他，而您一直陪着孩子，一直等到了天黑，很感谢您的体贴和照顾。我为孩子有您这样的老师而感到骄傲！
>
> ——航甫家长

2011 年 9 月 29 日　　　星期四　　　天气：晴　　【开学第 32 天】

1. "让老师先走！"

今日主人公：礼仪小使者

外教课结束时，外教老师正在摘黑板上的图片，有的同学便大声地喊着："老师，再见！"我笑着告诉他们："老师还没有离开，等老师离开时在说再见。"

柏竹由于是值周生，所以急着出去做什么。刚要冲出教室，铭洋、泽昊等马上拦住她说："等老师走了之后再走，让老师先走！"

看着外教老师转身离开，孩子们才陆陆续续地离开了教室。孩子们已悄然记住了，我曾经告诉他们的为人处世的方法。

看来，这些纯净得如白纸的孩子，会在我们的引领下呈现给我们精彩纷呈、无比绚烂的充满诗情画意的人生画卷。

2.读《馨苑报》有感

今日主人公：春雨妈妈

放学回到家，儿子就从书包里拿出一张报纸递给我，说："妈妈，看，这就是我们的校报！"那一副自豪的神情，立刻让我对报纸内容的好奇心大增。

打开这张质地厚实的报纸，首先映入眼帘的是右上角红色的三个大字——《馨苑报》，好熟悉的字眼！哦，想起来了！儿子学校曾经发过一个征名通知，征集校报的名称，希望能集思广益。我们一家积极开动脑筋，在激烈的讨论后，达成一致意见并陈述了我们的想法。后来没过多久，儿子就兴高采烈地告诉我，我们的创意荣获了三等奖。他还把奖品秀给我看，是一支白色毛茸茸的笔，很是精致！

"不过，"儿子故弄玄虚地说，"知道谁得了一等奖吗？"我猜了几个名字，他连连摇头，"不！不！"最后，按捺不住兴奋的他主动报料，"是我们李老师想出的《馨苑报》，这个名字获得了一等奖！"当时，我还不太清楚是哪两个字，以为就是普通的"心愿"二字。原来，名字的玄机在这里。"馨香校园，艺术之苑"，听起来就让人心驰神往。

再看报纸的内容，集孩子、家长、老师、校长等各家的心声。因为这些人、这些话、这次运动会全都发生在我们身边，所以读起来自然觉得亲切、温暖和有趣。虽然因为特殊原因，我们一家无缘这次运动会，但是这份报纸给我一种亲临其境的感觉，让我与参加运动会的家长们聊天时也会觉得有底气、有共同语言。

"馨香校园，艺术之苑"，愿你——连通你我的平台——越办越好！

1. 一次意外

今日主人公：处变不惊的海涵妈妈

今天早晨到校不久，一向温文尔雅的朱校长面色凝重地走进教室，询问我，坐桥外班车的孩子到没到班。我的第一感觉是，一定发生了什么重大的事情。朱校长向我告知了早上班车在行驶途中发生了点意外——为了躲避一辆私家车的违规超车，班车司机紧急刹车，由于惯性，车内的几个孩子受到了轻微的碰撞，不过情况不太严重。

虽然听说孩子伤得不太严重，可我还是感觉浑身如绵，指尖发冷，心脏急促地跳着。孩子到底怎么样了？我急于知道情况。我在门口焦急地等待着。不一会儿，李主任护送着海涵走进教室，并告诉我，已经处理过伤口，也通知了孩子的妈妈。除了担心孩子，我还感动于李主任的细心。

海涵瑟缩着趴在了桌子上，眼角有轻微的刮痕，渗着血丝。撞折了一只镜腿的眼镜被他紧紧地攥在手中，手腕处也有轻微的刮痕。的确伤得不重，但可能事情发生的突然，孩子明显受到了惊吓，用风衣的帽子紧紧地裹住脑袋。

我悄悄走到海涵的身边，抚摸着他的头，轻轻地询问他是否有不适的感觉，他摇了摇头，目光中完全失去了往日的神采。一阵怜惜之情涌上心头，我赶紧安慰他说："海涵，别紧张，都过去了。伤得不是很严重，只是皮外伤，很快就会好的。"他听了我的话，慢慢地坐直了身体，神色也不像先前那么紧张了。课上，我又适时地表扬他受了伤仍然坚持学习，是个真正的男子汉！他明显受到了鼓舞，坐得更直了，好像伤口已经愈合了似的……

课间，他的妈妈来到了班级。同为母亲，我清楚孩子一旦受了伤，妈妈的担心、心疼、焦灼。但海涵妈妈只是淡定、从容地询问了孩子的情况，简单地处理了一下孩子的伤口，脸上始终带着宽和、理解的微笑，没有一丝埋怨，没有一丝责备。临走时还将所带的药品留给了班级，说以备其他孩子不时之需。我无法用语言描绘我那时的心情，在那一瞬间，我只觉得有什么东西从我心中满溢出来……

有些人是会一直刻在记忆里的，即使忘记了她的声音，忘记了她的笑容，忘记了她的脸，但是每当想起她时的那种感受，是永远都不会改变的。

家长感言：

李老师真细心，您辛苦了！

——海涵家长

2011 年 10 月 8 日　　　星期六　　　天气：晴　　【开学第 41 天】

1. 我班有了新药箱

今日主人公：爱心天使泽昊

早上，我刚步入教室，便看到同学们欣喜的表情，浓浓的红润在他们可爱的脸上闪闪发光，眼里闪烁着奇异的光彩。他们兴奋地告诉我："老师，泽昊为咱班献了一个新药箱！"

我定睛一看，难怪孩子们兴奋，这是一个崭新的、外观十分精美的药箱。鲜艳的红十字在银光闪闪的底色映衬下显得格外醒目，还配有一把精美的小钥匙，钥匙上还缀着一个可爱的挂饰。

药箱内的药品一应俱全，足够孩子们应急之需，彰显出家长的无比细心。

下课后，同学们都喜欢到药箱那看一看，伸出手轻轻地摸一摸，开心地摆弄一下小钥匙。药箱、书籍、扫除工具……望着班级中家长们无私奉献的一件件物品，我觉得触摸到了一颗颗赤诚的心，每一件物品都在深情地诉说着家长们对集体的关心、对老师工作的支持、对孩子们深深的爱。

融身于这样充满人情味，充满温情的其乐融融的大家庭中，我每天都很开心、很幸福，浑身充满了力量！

2. 那个如诗一样的女孩

今日主人公：恬静如诗的泓乐

她是那样恬静，恬静得像一首抒情诗。

和她刚刚接触的一瞬间，你就能强烈地感受到她身上散发出的温柔气息。她那双湖水般清澈的眸子，以及长长的、一闪一闪的睫毛，像是探询，像是关切，像是问候。她像一片轻柔的云在你眼前飘来飘去，天真稚嫩的脸上荡漾着春天般美丽的笑容。在她那明亮的眼睛里，你总能捕捉到她的宁静，她的热烈，她的聪颖，她的敏感。

她笑起来的样子最为动人，两片薄薄的嘴唇在笑，灵动的眼睛也在笑。她皮肤白皙，五官端正且秀气，颇有芙蓉出水之感。

留给我最深印象的是她听课时的样子，端坐凝眸，若有所思，若有所想。那份温柔、那份恬美、那份专注使我动容。尽管她身材纤弱，说话柔声细气，然而在班级却很有威信。每次看到她，一种不可名状的爱怜之情，就会不由得在我心中升起。这个诗一样的女孩——泓乐，必将有一个充满诗情画意的完美人生！

家长感言：

感动于李老师对每一个孩子的赏识教育，像阳光一样温暖着孩子们。人们常说：知女莫过其母，可李老师的眼睛和爱心却捕捉和体会到女儿内心和外表的最细微之处，真是孩子的第二个妈妈，您已深深地走进孩子的心中。我们对老师唯有感动和感谢！希望对人友善、热爱同学和老师的朱泓乐同学，能让大家因你而感到温暖、快乐和幸福！

——泓乐家长

2011 年 10 月 10 日　　星期一　　天气：晴　　【开学第 43 天】

给孩子们一抹温暖的人生底色

校首届科技节有感

校舍的焕然一新、学校整体面貌的改观，带给孩子们无尽的喜悦与震撼；校首届运动会的召开给孩子们的生活增添了亮丽的色彩；而校首届"科技创新，引领未来"的科普日活动必将为孩子们的成长涂上一抹温暖的精神底色。

"学校开展科普活动的初衷，就是要让同学们体验科技的神奇，多问几个'为什么'。通过活动让大家树立勇于探索和创新的意识，进而乐于动手实践、大胆想象。希望若干年后，你们中能够出现杨利伟那样的航天英雄，出现钱学森、李四光那样的大科学家，运用科技服务全人类。"刘校长如是说。

此次科技节分为若干个活动区，有科普大篷车动手操作区、科学幻想画活动区、航模和遥控汽车表演区、科技创新作品展示区等。

"五、四、三、二、一"，上午 9 时整，活动正式开始，刘校长启动了火箭发射器，火箭腾空飞起，像一个个威武的伞兵在接受着检阅；接下来是飞机航模展览，航模小组的同学们拿着各式各样的飞机模型，手中操纵着遥控器，飞机在空中盘旋，最后安全平稳地落到地面；活动区的同学们也玩得热火朝天，有的在进行指尖上的舞蹈——悠悠球表演，有的在进行着激烈的四驱车比赛。赛道上的四驱车风驰电掣般地疾驰着，引得围观的同学的尖叫声不绝于耳。

科技大篷车的展区里展示着各种各样、学生难得一见的科学实验器材，孩子们徜徉其间，感受着科学的神奇魅力，久久不愿离去。

十米长卷展区，那是由每个班级选派的代表共同在长达十米的画布上创作的不同主题的画。那画布上五彩缤纷，有的画着大海里一群可爱的小动物，有的画着未来的科技，还有的画着太空里的浩瀚景色，惟妙惟肖，栩栩如生。我班的禹潼、钧谊、小唯、文斌、田冀的"仰望星空"构思奇妙、色彩协调、寓意深刻，彰显着孩子们的才情与智慧。

在操场东面，由许多桌子组成的展台吸引了孩子们的眼球，原来，那是同学们的科技小制作展台，上面有许多手工制作的小作品，有的是火箭模型，有的是纸质大军舰模型，还有的居然是电动模型。这些都是同学们自己动手设计制作的，闪烁着科技创新的智慧和灵光。

瞧，函泽制作的坦克模型，定是融入了大量心血。精湛的制作技艺令人赞叹不已，外观精美，履带上的花纹细致，车体的整体设计栩栩如生，再加上色彩涂装，让这辆坦克模型堪称完美，真是匠心独具啊！

看，文斌用易拉罐拼装的飞机模型吸引了无数围观者，制作的精美令人叹为观止，真是此机只应天上有，人间哪得几回观呀！

……

校首届"科技创新，引领未来"的科普日活动已经圆满落下了帷幕，可我和孩子们依然沉浸在活动的喜悦气氛中，内心仍然激动不已。我相信所有亲临现场的人都会与我们有着同样的感受。

每一次活动的开展，都是一段心程，一段印迹，一幅色彩斑斓并墨韵淋漓的画卷，一篇飘逸散淡并富含哲理思辨的散文。

一路的踏歌随梦，一路的孜孜以求。每一个坚实的脚步都有一段美丽的故事，征程跋涉的一路锤炼，使学校更加丰实而有内涵。

2011 年 10 月 11 日　　星期二　　天气：晴　　【开学第 44 天】

1. 那个不甘人后的小女孩

今日主人公：灵动可爱的婉彤

大大的眼睛，长长的马尾辫，娇小的身材，凑成了一个灵动可爱的女孩——婉彤。

第一次考词时，她由于基础知识掌握不佳，成绩不尽如人意。发卷时，我看到了她慌乱躲闪的眼神、埋得低低的头，感受到了她沮丧的情绪。改卷时，她生怕别人看到她不佳的成绩，小心翼翼地用左手遮掩着，心神不宁地改着试卷。

我断定这是个上进的，只是苦于没有找到好的学习方法的女孩，便走上前安慰她说："孩子，一次考试不算什么，没关系的，跌倒了，就用最美丽的姿势站起来，老师相信只要找到适合你的学习方法，你一定会超越自己，赶超他人的。"听了我的话，她的情绪渐渐稳定下来，捂住分数的手也渐渐松开了。我知道她已能坦然面对失败，其他问题便会迎刃而解了。午间，我又细致地分析了她成绩不佳的原因，耐心地告诉她提高学习成绩的最佳方法。

从那以后，她每天都能用心地复习，细心地书写，认真地听课，每次考试成绩都在稳步提升，对自己的要求也越来越严格了。课前第一个坐好，站队第一个到位，中午安静地读书……今天，她开心地对我说："老师，现在我觉得学习是件很快乐的事！"听了她的话，我轻轻地抚摸着她的头说："现在，我是世界上最快乐的老师！"我们都会心地笑了。

我坚信，她定会成为学习上的佼佼者！

学生感言：

　　亲爱的李老师，我会更加努力、勤奋地学习。谢谢您，李老师！

——婉彤

家长感言：

　　老师对孩子的鼓励，对家长也有一定的安慰。奶奶是一个要强的人，辅导齐婉彤也花了大量的时间，可成绩总是提不上来。我反思多次，找不出有效方法。请老师帮我一把，让婉彤的成绩提上来。谢谢老师！

——婉彤家长

2011 年 10 月 12 日　　星期三　　天气：晴　　【开学第 45 天】

1. 照水荷花细细香

为黑龙江代表团讲授《荷塘旧事》有感

　　原定明天为黑龙江代表团的讲课任务因故改在今天的第三节，昨天刚刚接到讲课任务，今天就要讲，于是这个讲课任务成了我不能承受又不得不承受的生命之轻。

　　幻想、胡思乱想、冥思苦想，一直没有形成一个完整的教学思路。

　　我为课的导入设计了四种风格迥异的场景，但都不太满意。拓展的材料也还没有确定，一会儿感觉材料太多了；一会儿感觉这些材料处在相同的精神高度，拓展的意义似乎不大；一会儿又感觉拓展的链接方式太直，别人都想得到。

　　也许是自己太想追求完美，也许是时间太过仓促，一直到上课的之前，我也没能设计出一个完整的思路。于是，在尚未形成完整、连贯、一气呵成的思路的尴尬中，看着代表团的老师一个个走进教室，我硬着头皮走上了讲台。没想到，真没想到，就在课的行进过程中，思路竟然自然地、悄然地在课中流淌出来。教学效果，竟然出奇得好！

我以美为主线，让学生在潜心会文的过程中去发现、感悟荷塘的美丽，将荷花拟人化、生命化、情态化，进而感悟大自然和谐的美，用自己的情感和语言去表达美、抒发美。学习语言与审美熏陶，既相得益彰又水乳交融。

"我仿佛就是一朵荷花，穿着雪白的衣裳，站在阳光里，一阵风吹来，我就翩翩起舞。"那个举止端庄，气质高雅，有着多年舞蹈基础的刘婧萱激动地说。

"水美、花美、人更美。"那个平时羞涩内敛，很少举手发言的田冀忘情地说。

"我也要做荷花一样具有'出淤泥而不染，濯清涟而不妖'的精神的人。"那个品学兼优、才情出众的张天雪坚定地说。

"荷花在微风中摇曳，我们在语文课中陶醉。"那个敏感细腻，内心世界丰盈，文笔极佳，每篇佳作都被当作范文的王艺凝陶醉地说。

……

孩子们自"有我之境"至"无我之境"，阅读的最高体验莫过于"自化其身"的角色转换。花不异人，人不异花，读与写的结合，鉴赏与创造的过渡，审美与想象的衔接，一切浑然天成。精神境遇的拓展与语文能力的培养共同演绎出一段和谐的生命乐章！

孩子们陶醉了，听课老师陶醉了，我亦陶醉其间。

这真是一次从未有过的奇妙的教学体验！让我一下子体悟到很多东西。过去许多刻意的、需要强有力的意志去设计去驾驭的教学行为、教学策略、教学模式、教学构架已经内化为自己深层的、潜意识的、融入整体生命中的自然行为。由教学习性走向教学率性，我进入了一个新的教学境界！

这一课的教学恰似隐隐的荷香袅袅，更似细细润物无声的春雨滋润着我走向语文教学的康庄大道！

2. 无话不谈的好朋友

今日主人公：进步明显的妍妍

　　杜老师已不止一次地向我反馈说："妍妍这学期进步很明显。懂事了，也会学习了。"妍妍——这是个亭亭玉立、外向开朗的阳光女孩，走到哪里都仿佛是一束温暖的阳光，给人以美的感受。

　　但可能是性格使然，学习上她总是不时犯些低级的小错误，可她却对此颇不以为然。我意识到这样下去对她的成长是极其不利的。一次测验之后，面对她不佳的成绩，看到她情绪低落，我便耐心地帮她分析了成绩不理想的主要原因——马虎，而后语重心长地告诉她："孩子，我很喜欢你，喜欢你开朗的性格，但对待学习你必须要严谨，因为失之毫厘，谬之千里，千里之堤，毁于蚁穴呀！今天马虎是你学习路上的拦路虎，但老师相信，聪明的你是不会犯两次同样的错误的。"听了我的话，她用力地点着头……

　　从那以后，她的每一点儿微小的进步，我都会及时地鼓励；她的每一点儿微小的错误，我都会及时地提醒。她和我成了无话不谈的好朋友。她会向我倾诉对原班主任的思念之情，亦会由衷地向我表达对我讲课的欣赏，对我的崇拜之情。我们在彼此影响着对方，悄然地改变着对方，亦走进了彼此的生命里。

学生感言：

　　和若春风，人如其名。您的关照、体贴，使我们无话不谈、亲密无间。您既是我的老师，也是我的母亲，更是我的知心朋友。

——妍妍

2011 年 10 月 13 日　　星期四　　天气：晴　　【开学第 46 天】

1. 拨动独特的琴弦

今日主人公：知错就改的海赫

接班到现在，两个月的时间，海赫已经有好几次与他人发生不愉快了。告他状的同学义愤填膺，他也一副愤愤不平、无可奈何、可怜巴巴的样子。

经过细心地观察，我发现他是个憨直、朴实的好孩子。我想可能是中途转学的原因，他才一直与本班的孩子相处得不是很愉快，不时地产生点小摩擦，闹些小矛盾，他为此也很苦恼。我明白了，这是他还没有形成与他人相处的能力，内心缺少朋友而导致的结果。直接告诉他方法，他未必会接受，而且，效果也不会太理想。还是……

每一次，我都微笑着注视他们，不急于指责，不急于批评，不急于下结论，而是让他们将事情的经过叙述清楚。这样，可以缓解他们的情绪，了解事情的来龙去脉，找到解决问题的最佳途径。这不，当他在叙述过程时，发现了自己自相矛盾后，便羞愧地低着头，不说话了。我微笑着抚摸他的头说："其实你也不想和别人发生矛盾的，因为你是个宽容、善良的好孩子，而且现在你已经认识到自己的错误了，知错就改就是好孩子。聪明的你一定知道现在该怎样做了。"他便主动、诚恳地向对方道歉，对方也会大度地说："没关系，我也有责任。"我便笑着说："这叫不打不相识呀！产生深厚友谊的朋友，有时就是从某次矛盾中结缘的，也许你们以后也能成为好朋友呢！"一场场矛盾就这样巧妙地化解了。生活中，我不时教给他与他人相处的秘诀。

渐渐地，他脸上的笑容多了，身边的朋友也多了起来，学习劲头也足了。

其实，在每个孩子心中最隐秘的一角，都有一根独特的琴弦，拨动它就会发出特有的音响，要使孩子的心同我讲的话发生共鸣，我自身就需要同孩子的心弦对准音调！

2.班级精神领袖

今日主人公：品学兼优的铭洋

宽容、善良、豁达、阳光、高大、帅气、进取……这是个集所有男孩优点于一身的品学兼优的好孩子——铭洋。

开学初，由于他的胳膊受伤了，所以班级搬运物品的工作我便没让他参与。可正当我们抬着重重的纸盒箱在楼梯口不停地喘着粗气的时候，他早已帮其他同学搬运完返回到我们面前，二话不说，抬起箱子便要走，我马上制止他。他却说："没事，老师，不用担心，我用另外一只手。"接着，便不由分说地协助同学将箱子抬走了。在他的协助下，搬运任务很快就结束了。

每周，他都要上好几节篮球课，再加上奥数课等课外课，课余时间几乎全被占用。可是，这丝毫没有影响他课内的学习，每次作业都完成得很出色，成绩也在不断提升。这让大家颇感意外，他的时间从何而来？我发现，他是个惜时如金的好孩子。老师布置了作业，一有时间，他便心无旁骛地做起来，发现问题，便及时地请教。这样，如果作业量不是很大，他便可以轻松在校内完成。

体育班长工作更是做得有声有色。在总结班级站队情况时，他总是以鼓励为主，委婉地指出不足，极大地调动了同学们的积极性。拥有这样优秀的学生，我们这个集体怎能不令人骄傲！

2011 年 10 月 14 日　　星期五　　天气：晴　　【开学第 47 天】

1.空谷幽兰散清香

今日主人公：认真负责的课代表诗盟

她如一枝空谷幽兰，散发着缕缕幽香；她梳着可爱的荷叶短发，明亮的双眸，温婉可爱的性格；她拥有一个充满诗意的名字——诗盟。

开学初的第一次班会中，竞选班干部，在他人都直言自己的宏伟目标后，她战战兢兢地举起了手，用胆怯的声音说："我想担任语文课代表。"我当时以为她的理由定是自己的语文成绩出色等。可接下来她的理由却让我为之一震："我想担任语文课代表的理由是：我看到李老师每天工作都很辛苦，我想帮老师分担一些……"

她那真挚的话语打动了在场的每一个人，一致通过她当选语文课代表。

她不但是这样说的，也是这样做的。

每天，她都会细心地将语文作业以及需要转达给家长的重要信息及时、准确、毫无遗漏地公布在群里，措辞也极为考究，彰显了语文课代表的语文功底。而且，从未间断过。

现在，她也像我一样，每天写点东西，记录精彩的瞬间，感受生活的美好。她直言要成为像我一样的人。我坚定地告诉她："你定会青出于蓝而胜于蓝的！"

有了这样一位得力助手，我感到可以在繁忙的工作中得以喘息，轻松了许多。

孩子，我真诚地向你道一声："谢谢！"

2. 书写自己的完美人生

今日主人公："书法教师"郡郡

郡郡，一个开学初就在"心灵夜话吧"中向我倾诉了自己因写不好字而异常苦恼的小男孩。于是我开始留意他，惊异地发现他是个异常聪明的孩子，接受能力极强。别人需要反复讲才能明白的问题，他一听就会。

午间，我为他们打字头时，他站在我身边，久久凝视，还不时地低语："我什么时候可以写得这么好？"我停住笔，笑着拍拍他肉嘟嘟的小脸蛋，告诉他："我像你这么大的时候，写的字远不及你。练练，日子久了，就写好了。其实，写好字很简单，落笔即练字而已！"

随后的书法本上，他的字有了明显的变化：运笔自如，字的结构也日趋完美。我赞赏地说："看来，我要拜你为师了！"他的字越来越美观、大气、洒脱了。只要一有时间，他便催我快点发书法本，练字的热情空前高涨。

如今，他已经可以代替我为同学们打字头了。那专注的神情令人动容，那潇洒的字体令人难以相信这是出自一个年仅10岁的孩子之手。

相信他会在书法的道路上越走越远！也相信其他同学可以在这位"书法教师"的引领之下，感知汉字的神奇魅力，书写自己的完美人生！

学生笔下的《班级故事》

才女李老师

五年一班　泓乐

我们班的老师可"有才"了，她是一个大才女。她刚刚接班，但不到一个月就让我们服服帖帖。她的"才华"有几点：

1. 口才。她能言善辩，总是用"激将法"令我们"不得不"把字写好，把卷答好。我想：如果给她一个字，她或许能背出一篇文章。她讲课时从来不用书，而且总会也以独特的方式让我们记住知识。她真是一本"活语文书"。

2. 文才。在班级里，她每天都写几篇"班级故事"，讲给我们听，听说将来还要出书呢！她有一双善于发现美的眼睛，一双善于培养美的手，一颗慈母般的爱心，让我们捕捉生活中的细节，体会生活中点点滴滴的美。

3. 背诵方面的才华。她善于背诵。在背诵古文《生于忧患，死于安乐》时，仅仅用了18秒，且字字发音准确。全班同学听她背诵时，都惊呆了。每篇课文她都能一字不落地背诵。

4.字体方面的才华。她的字体有模有样，每一个字都像印刷的一般。画图也活灵活现，让我们有身临其境的感觉。

我们班的老师真是一个大才女！

李老师的语文课

五年一班 泓乐

李老师讲的语文课可谓"杂"。她时不时就为我们拓展另外的知识。不过，她很快就回到题目。这样既开阔了我们的视野，又不耽误正常的进度，真是一举两得。

一次，李老师正在形象生动地讲着古诗文。一会儿，她从"苏轼"讲到"三苏"，一会儿又从"三苏"讲到"唐宋八大家"，最后又从"唐宋八大家"回到那篇《六月二十七日望湖楼醉书》，同学们都津津有味地听着。我不禁笑了：她讲的语文课真有趣！

她可以用一个字串联出一些知识，一个拼音联想到一个词，一个词引到一篇文章。她讲课文，能联系到一篇又一篇的文章。她的课令同学们扎扎实实地掌握许多知识。我不由得感叹：好一堂生动活泼的语文课！

听了她的课，我认为知识是活的，只要把它牢牢地掌握，就可以随时运用！

好一节生动的语文课！好一位会"变魔术"的老师！好一个快乐的上午！

我们班的升旗仪式

五年一班 泓乐

当六年三班升旗过后，李老师就对我们说："下周就轮到我们班升旗了。"李老师给每人发了一张单子，又安排了发言的顺序，并说："一定没有哪位老师让每一个同学都在升旗仪式上发言"。

的确，这次连一向说话磕磕巴巴的同学都参加了升旗仪式。老师等同学们背下各自的那句诗之后，就到她那儿一个个地纠音、正调、放声。一直练到了又一个周一。

上午第二节课课间，熟悉的歌曲再次在耳畔响起，要升旗了，我不禁暗暗捏了一把汗，心中默默预祝升旗仪式圆满成功。正当我沉入冥想之中，一句"进行第三项国旗下诗朗诵：'信念，开始了！'"

全班同学昂首挺胸地来到全校师生面前，当话筒递到我前面的一位同学时，我激动得心都要跳出来了，可是，心中有一个声音在响：冷静，冷静。我紧紧地咬住牙关，生怕在不恰当之时发出声音。话筒以"流水作业"的形式传递到我这儿，当我的那句诗脱口而出，完美地回荡在操场上时，我想，在全校师生面前朗诵并不是一件难事啊！这时，只见站在远处的李老师悄悄地向我伸了一下大拇指。我长吁了一口气，心想：总算没有给班级抹黑。

忽然，我听到曲大哥的朗诵，心中不免一揪，他会不会背串、背错？所幸他背对了，不幸的是，有些不流畅。但他重整旗鼓，再次用他那深厚、浓重的音调，朗诵了他那句诗："是卧薪尝胆的经历，让勾践拥有了必胜的信念。"令我都难以置信这出自曲大哥之口，顿时我的脸上绽放出灿烂的笑容。

最后，升旗仪式在我班全体同学朗诵的"是信念，造就了伟大的人生；是信念，托起了希望的太阳；也是信念，让我们拥有了美好的生活"的诗句中圆满结束。

一字之差，差之千里

五年一班　泓乐

老师模拟考试《骑在白鹅的背上》，讲评卷子时，大部分同学都写成了"把身体贴白鹅马丁的背上"，而正确的是"把身体贴在白鹅马丁的背上"。有的同学不服气地说："只是少了一个字而已！"我也漏了一个字。

李老师见我们愤愤然，于是讲了一个故事：

古代大书法家王羲之的儿子从小受其父亲的影响，练习书法。一天，王羲之的儿子写了一个"大"字，他认为自己的水平与父亲差不多少，就得意地拿给父亲看，父亲王羲之就帮他点上了一个点。之后他又拿给母亲看，问母亲："我这幅字哪笔写得好？"母亲回答："那笔点尤为妙。"

"所以大家做事要认真啊！一点儿都不能差呀！细节决定成败。失之毫厘，谬以千里。"我们听了这个故事，每个人都默不作声，低头改起卷子来，心中久久地体会李老师的那句话。

我的新同桌——禹潼

五年一班　文斌

经过老师在班里对我们的座位进行定期的调整后，我的同桌被调走了，又调来了一位女孩子——禹潼。

她那大而明亮的眼睛、活泼开朗的性格、高挑的个子，一看就是一个跳舞的好材料。别看曲禹潼是个女孩子，她在我们班还很有名气呢！曾经被老师写入《班级故事》当中：那是在学校的一个中午，老师在教室吃过午饭，准备将饭盒放回饭箱时，一个清脆的声音响彻教室："老师，我帮您放吧！"这声音是发自正在吃饭的禹潼。在老师的一声"谢谢"后，曲禹潼飞快地将老师的饭盒放入班级饭箱中。在我们班级的大家庭中，这虽然只是一件小事，但体现了曲禹潼对老师的尊敬。同时，她也用自己的行动教育了当时几个早就吃完午饭，在一边玩耍的男同学。

禹潼不仅关心班级，而且多才多艺。在学校组织的运动会上，她被选派到学校的花束队，成了花束队的一员，为大家献上了她婀娜的舞姿和那张灿烂的笑脸。

在学习方面，禹潼可是班级里积极努力、进步很大的同学之一。开学之初，禹潼上课总爱溜号，人坐在座位上，可思想却走了神。可现在的禹潼却和以前判若两人，上课时不仅注意听讲，而且还积极发言，成为我们班课上发言的"领头羊"。

这就是我的新同桌——禹潼。在今后的学习中，我要学习她身上的诸多亮点，学习她天天都在变化、天天都在进步，争做班里的"领头羊"！

当值周生的感受

五年一班　春雨

我当值周生已经两天了，曾遇到许多淘气顽皮的小朋友。

他们天真可爱。每次我警告他们不要玩雪时，他们就消失得无影无踪。等我维持操场东边的秩序时，他们又像没什么事发生一样，在操场西边尽情地打着雪仗！啊！真是一群淘气的小朋友呀！

我也为管理纪律而生气过。有一次，我让一些小朋友不要玩雪，他们皱着眉头，不情愿地走开了。等我一转头，他们又拿一大堆雪块砸我，我顿时火冒三丈，但也无计可施！那群小朋友太顽皮了，下次我一定要惩罚他们。

这两天我非常累，但想到老师每天都为我们操心，觉得自己付出这么少，算不了什么。我一定要好好学习来报答老师。

相信自己

五年一班　启明

今天，我的《班级故事》的主人公是辰辰。以前一提到辰辰大家都很苦恼，因为他经常和大家唱反调，而且随便往地下扔东西。可是现在他变成了一个既干净又充满自信的小男孩，再也不拖班级的后腿了。

比如说，我们班要为艺术节排练节目，李老师给我们准备了一首诗朗诵，题目是《我的祖国》。老师先排好了队形，规定好每人朗诵的诗句，然后就让我们朗诵一遍。过了一会儿，轮到了辰辰，他用洪亮而充满感情的声音朗读了他的那一句诗，顿时引来全班同学的赞叹。大家都觉得难以置信，这是辰辰吗？李老师对他说："相信自己，没有做不到的事情！"

是啊，相信自己是多么重要啊！相信自己就会创造许多奇迹。我就缺乏这种能力，所以我应该向辰辰同学学习，找到我的自信心！

看别人，不要只看别人的缺点，要多看别人的优点，这样才能使自己进步。只看别人缺点的人是永远不会进步的！

相信自己，是人生的一种美德。

细节决定成败

五年一班　启明

今天下午第二节课，李老师让我们默写《长歌行》和课文下面词语的解释。过了一会儿，大家便信心十足地把卷子交给老师。

第三节课，李老师把卷子批完了，只有泓乐得了一百分，其余人都忘记给解释后面加句号。李老师说："你们不要小看一个小小的句号，如果没有句号，就说明这个句子不完整，句号也算句子中的一员。解释仅仅有两个字也算一句话，而且语文书上也印着呢！你们肯定在复习时忽略了这个小小的句号！"

李老师的这番话我要永远铭记于心。的确，我们就是由于粗心大意，才造成了这样的后果。最容易忽略的往往就是这些微不足道的小地方，细节决定成败呀。

我们应谨慎对待这些细节，不要认为自己会做，就粗心大意。

满分的"空白卷"

五年一班　文斌

今天的语文课上，我们进行了一次十分特殊的考试。说到特殊，是因为老师要求答题时间只有短短的5分钟，而卷面上却整齐地排列着14道题。当听到这样的特别要求，我们都将惊讶的目光投向老师。"3—2—1，开始！"在老师的一声令下，我们便像热锅上的蚂蚁，一个个都低着头拼命地开始答题。

第一题"请把试卷从头到尾看一遍"，我心想：真有意思，这不就是让我们审题吗？带着好奇的心情再去看下一道题。"请在试卷右上角写上你的名字。"答卷当然要写自己的名字了，这也需要提醒吗？为了尽快把卷子答完，我信手将自己的名字写上。

接着是第三题、第四题……我焦急地答着手中的试卷。这时，教室里传出了一串笑声，我心想：这是谁呀？不快点答题，还有时间笑呢。难道这试卷上还有值得笑的地方吗？我停下手中急促的笔，眼睛在试卷上一道一道地搜索着。最后，终于定格在最后一道题上："如果你全读完这14道题后，请只做第2题。"哈哈，我之前都白忙了，原来这整张卷子的正确答案就是将名字写在右上角，其他都应该是一片空白。

这时，教室里传出了阵阵笑声。老师用一张满分的"空白卷"教育了我们：做题要先审好题，理解好题意，不然在你一阵认真地忙碌后，结果却适得其反。

我班有场擂台赛

五年一班 泓乐

在今天的语文课上，李老师先用飞快、流利的语速背诵了《生于忧患，死于安乐》这篇古文，同学们认真地倾听着，接着她让我们尝试背诵，向她挑战。因为事先留过作业，几个同学鼓起勇气上前应战，可是都以失败告终，其他想要报名的同学，一看情况不妙，知难而退。

李老师立即降低难度，问谁能读着和她比语速。又有许多同学报名，结果不是卡壳儿，就是半路失语背错。这时天雪同学高高地举起了手，老师点中了她，最终她以 15 秒比 18 秒战胜李老师。天雪成了今天的擂主，同学们为她热烈地鼓掌。老师说："明天的打擂还将继续，同学们可以随时向擂主挑战。"

接下来的几天，攻擂和守擂每天都在热烈的气氛中进行着，先同桌海选，再小组遴选，最后胜出的同学被评选为当天的擂主。评选有速度擂主，还有声情并茂擂主。为了明天的精彩，我和同学们每天都在积极准备。明天花会落谁家？令人拭目以待。

我的老师是个故事大王

五年一班 泓乐

新来的李老师是个故事大王。在新学期的第一天，她就给我们讲故事，有苏格拉底的故事、陆游的故事，以及鸟儿传话的故事，等等。她讲的故事不但风趣、幽默，而且富有哲理性和教育性，同学们都很喜欢。可李老师总拿"下回分解"来吊我们的胃口，并用"坐姿好""上课积极发言""写字认真"等来作为听故事的交换条件。

有一次，我们练习传话，传话传得"面目全非"，有些人的声音太小，下一个人根本听不见，只好瞎编；有的人恶意搞坏，存心歪曲原话；有的人听了一半，就迫不及待地将"半截话"传给别人；还有的人说话含糊不清，老师听到最后一个人的传话时，已是啼笑皆非。

她就给我们讲了一个鸡群传话的故事：有一只鸟住在高高的大树上，这只鸟可能是只雌鸟，经常用嘴巴梳理羽毛。有一天，它不小心啄下自己的一根羽毛，恰巧被一只鸡看见了，于是这只鸡对另一只鸡说："那棵大树上有一只鸟，它经常梳理自己的羽毛，今天它啄下了自己的一根羽毛。"于是听故事的这只鸡又对另外一只鸡说："那棵大树上有一只鸟，它正在啄着自己的羽毛。"听到这里，全班同学哄堂大笑。李老师接着讲，这句话传来传去，传到最后一只鸡的嘴里，变成了"那棵大树上有一只雌鸟，它啄光了自己的羽毛，向它的丈夫炫耀自己美丽的身姿"。

通过这个故事，我们懂得要细心地倾听别人说话的道理。

爱的天使——李老师

五年一班　文斌

世界上能把最真挚、最无私的爱献给孩子的，莫过于母亲。但我们的班主任李老师，却能够把母爱与园丁的心融为一体，在我们幼小的心灵中，播下一颗颗爱的种子。

热情的李老师

新学期，我转学报到的第一天，便被李老师的热情所感染了。那天李老师是全班最忙碌的，她早早地守在教室门口，见到每位走进教室的同学，就微笑着去握手，还和蔼地说："你好，我是李老师。"然后将同学送到属于他的座位，还陆续地给我们每个人照相……这一切，给我的感觉：李老师很亲很近。

细心的李老师

在班级生活中，李老师细心地关注我们每一位同学。只要在谁的身上发现一丝亮点，她绝不会吝啬自己的夸奖之词，狠狠地表扬你一番。她还将班级里每天发生的一点一滴写成故事，编辑到 QQ 日记中，好让同学和家长都能知道。有做事认真的泽泽、有变化巨大的东东、有带病坚持上课的菁菁……当然也少不了我，那次我主动替排练的同学值日，老师还夸我关心班级，热爱集体呢。

严格的李老师

别看李老师对我们既关心又爱护，但在学习上却十分严格。比如写字不许勾抹、朗读要大声、预习要做到全面，等等。记得有一次，我的同桌又没及时上交作业，被李老师严厉地批评了一通，吓得我本来还有学习偷点懒的想法，一下子立刻从我的头脑里逃跑了。

这就是我们的班主任李老师，她用自己真挚的情感，化作纤绳，围绕在我们五年一班的大家庭；她用自己无私的爱，化作种子，播种在我们每位同学的心田。她是爱的使者，她是美的化身，她是我们最最敬爱的人！

学校二三事

五年一班　耀博

新学期开始了，我们换了一位年轻漂亮的新班主任，她姓李。她亲切，可敬。她听之前任课老师说范东东比较淘气，不过，经过三天的观察，李老师和我们都觉得东东有了很大的变化：他上课背挺直了；字也写得比以前好多了，竟然可以跟全班的书法冠军硕阳相比；人也精神了许多。他大概是听到了任课老师和李老师的谈话，所以跟自己较劲儿，想做得更好吧。

新学期里，其实大家都想有一个新的面貌、新的起色，给新老师一个好印象。总之，想有一个崭新的开始。所以大家一定要一起努力，做一个人见人爱、天天向上的好学生。

新老师

五年一班　铭洋

开学了，我们换了一位新老师。刚要进班，新老师便出现在我面前。"铭洋，你好！我是你的班主任李老师。"老师给我的第一印象是很温柔、很和蔼，并没有想象中那样严厉。

老师个子不高，一头卷发，圆圆的脸，一对大大的眼睛和一张能说会道的嘴。老师很严厉，但大多时候是很温柔的，老师从没说过你怎么做得这么不好，而总是用鼓励的话来帮助同学做得更好。冬冬就是个例子。他上学期表现不佳，而现在上课积极发言、不接话，同以前相比简直就是判若两人。

老师还很爱讲故事。中午吃完饭后就会给我们讲故事，多让我们知道些知识。多好的老师啊！同学们字写得不好，老师就在黑板上每个字一笔一画细心地全教给我们。

李老师，虽然我和您相处的时间不长，可我认为您是一名好老师，我相信我们在一起的日子里会很开心、很快乐。

新老师

五年一班　硕阳

老师像蜡烛，燃烧自己，照亮别人；老师像辛勤的园丁，教给我们知识。

我看见李老师的时候是上学的第一天，我从四年级升到五年级时，宋老师调走了，又新分来了李老师。见到这位新老师时，我胆怯地说："老师好！"尽管老师眼睛里流露出温柔的目光，我有的时候还会紧张和害怕。

李老师每天都会给我们讲故事，给我们写故事。李老师是一位有气质、有文化的老师。课后，李老师放弃自己的很多休息时间为我们一丝不苟地批改卷子和作文。

这就是我这三天对李老师的印象。

新学期　新老师　新开始

五年一班　天雪

今天是我们新学期开学的第一天，踏进校门。一个崭新的学校映入我们的眼帘，首先是粉刷一新的教学楼和面积扩大了许多的操场，然后我走进教学楼，洁白的大理石地板，淡绿色的墙面，深黄色的教室门，教学楼内可真是焕然一新啊！

走进我们的新教室，迎接我的并不是以往那慈祥和蔼的宋老师，而是漂亮又富有朝气的新班主任——李老师。刚一进门，李老师就热情地和我们握手，并作了自我介绍。虽然我们换了新的老师，心里还有一些不舍，但是，我们更为拥有这样一个才华横溢，拥有魔力的"守护神"而感到自豪！

既然是新的学期，又换了新的老师，那我们就该有一个新的开始。各个方面都要有新的起色，同学们，让我们跟随着"守护神"的脚步，在知识的海洋中畅游！

爱的传递

五年一班　泓乐

人总会遇到爱，也常常给予他人爱。

宋老师调换工作了，我们遇见了李老师。

爱就像一支火炬，宋老师传给了李老师，李老师还会传给接下来的人。爱这支火炬，上面的火是永远不灭的，火炬世世代代地传递着，我们长大后也会拿到火炬，世人将火炬传递下去，将爱传递下去。

好记性，不如烂笔头

五年一班　禹潼

人们常说："好记性不如烂笔头。"这不，这句话可派上用场了。

看，今天的第二节数学课上，老师讲"数"这个概念，讲到了数里边的许多知识点，并且一一地在黑板上写下来。我一看，呀，这么重要的知识，我得统统记下来。于是，我迅速拿起笔把应该写的、记的都抄了下来。快要下课的时候，王老师对全班同学进行了提问："数里都包括什么？"半天没有一个人应答，于是我站了起来将问题完完整整地说了出来。这时下课铃声响起，王老师对我竖起了大拇指，此时我心里甜丝丝的，感觉真好！

今天，我感到好快乐——被老师表扬而感到快乐与满足，我会再接再厉的！

令我烦恼的事

五年一班　郡郡

每个人都有烦恼的事，我也不例外。我的烦恼有许多，今天，我就遇到了一个难题，那就是练字。以前，我写的字都很乱，怎么写都写不好，到了五年级，我"划拉"的等级又提升了一级。

直到李老师当了我们的班主任，当她发现我们的字写得很乱时，我们都深感愧疚。可是，李老师用了自己的一套方法教我们练字，然后，我们的字体就渐渐成型了。在这里，我想对李老师说：谢谢您，老师，您辛苦了。

老师，我还有许多烦恼，请您帮我解开这些心中的绳结吧！

我们的新班主任

五年一班　春雨

我们的新班主任姓李。她有着一头乌黑的卷发，明亮的眼睛，还有一个樱桃小嘴，身材中等，长得也很漂亮。

李老师很有耐心，无论同学犯了多大的错误，她都会忍耐。如果有同学犯了错，老师就会和他讲道理，告诉他什么是对的，什么是不对的，不应去做的。

李老师很会讲故事。比如，我们五年级开学第一天，老师为了让我们的坐姿端正，就给我们讲了一个故事：苏格拉底是古希腊著名的哲学家。他在一次上课中，让同学们和他一起做甩手运动，并且以后每天都做。就这样，一个月过去了，当苏格拉底再次提起这件事，做甩手运动的就只有 2/4 的人。半年后，他再次提起这件事，做甩手运动的就只有 1/4 的人。一年后，他又提起这件事，做甩手运动的人只有一个了。听完这个故事，我们很受启发，因为我们都想做好学生，所以同学们都坐得像钟一样，纹丝不动。

虽然宋老师不再做我们的班主任，但我们又迎来了一位好老师，所以我们更要认真、好好地学习。

我爱新家三两事

五年一班　天雪

新的学期到了，一切都焕然一新。新的学校，新的操场，还有新的班主任。

一、我爱"双子座"老师

我以前就听说过李老师，听说她教导有方且很严厉，李老师教过的班级，都是全校最好的班级。于是，开学那天，我便不由自主地有些害怕。可见到李老师后，她那一句句温柔和蔼的话语，使我的心中流过丝丝亲切，却又有一些疑惑，直到这次批改书法作业，我才真正见识到了李老师的严厉。在自习课上，李老师拿出我们的书法作业一个人一个人地评价，每一个字和词的错误，都逃不过老师的眼睛。平时的李老师和课堂上的李老师真是判若两人啊！

二、我们从没想过，能做得这么好

李老师总是与我们强调有气质，男孩子站如松、坐如钟，女孩子亭亭玉立。在一节课间操时，老师让我们练队形、练站姿。在老师的指导下，我们每个人都挺胸抬头，没有一个人乱动一下。回到班级，我们几乎异口同声地说："我们从没想过，自己能做得这么好！"

我爱新家三两事，兄弟姐妹和老师！

第五节　纸短情长，巧架沟通之桥

在多年的教育教学工作中，我坚持倾注笔尖一份流淌的爱。

我会利用一切契机，用一颗饱含爱意的心，执一支幸福的笔，为学生写下一句句充满着欣赏、关爱、期待和鞭策的评语，写下一封封情感真挚的书信，开启和学生心灵交流的窗口，在他们幼小的心灵里种植下希望和自信。

特色评语扬自信

一、倾心的交流

1.

> 秀气文静，玉洁冰清。
>
> 待人真诚，踏实前行。
>
> 绘画手工，耳目一新。
>
> 声如百灵，美妙动听。
>
> 上课作业，样样专心。
>
> 追求卓越，大胆创新。

2.

> 一片爱心待人真，他人有难把手伸。
>
> 深情朗读感人心，刻苦习舞功夫深。
>
> 明眸善睐惹人爱，作业用功不粗心。
>
> 极有天赋及灵气，只是学习未发愤。

老师提问勤思考，千万不要把头摇。

成绩更上一层楼，父母老师乐陶陶。

3.

明眸皓齿肤如雪，眉毛弯弯似新月。

嗓音清脆胜百灵，文艺表演不可缺。

奋发向上志气高，文笔优美堪叫绝。

勤劳踏实又好学，海阔天空任你跃。

三大主科齐并进，全面发展人心悦。

4.

待人可亲，品行可敬。

才思敏捷，沉默是金。

工作学习，充满干劲。

习作练笔，就熟驾轻。

思维严谨，敢于创新。

成绩优异，五一明星。

5.

虎头虎脑逞英豪，性格开朗少烦恼。

劳动积极又肯干，思维活跃百里挑。

朗读课文感情深，运动会上汗水抛。

只因有时心太躁，冠军离你一步遥。

习作书写要提高，成绩才能乐陶陶。

聪明才智若发挥，五一中队生光辉。

6.

同学之间相处和睦，正气凛然大将风度。

中队活动生龙活虎，又快又好完成任务。

目光炯炯思维活跃，书写习作均有进步。

学习有时胆大心粗，更盼勤勉踏实稳步。

开拓创新快乐征途，美好前景人人羡慕。

7.

博览群书，才思敏捷。

团结同学，友爱和谐。

说话办事，意赅言简。

敢于领先，峰头浪尖。

书写潦草，任重道艰。

不畏艰险，勇往直前。

8.

一枝小荷，初露头角。

助人为乐，事迹可歌。

能言善辩，思维敏捷。

脚踏实地，难关勇克。

用心书写，努力拼搏。

9.

淳朴踏实才思敏，待人真诚有威信。

遨游学海求创新，攀登书山勤为径。

学习成绩科科优，令人欣喜添自信。

全面发展受瞩目，魅力男生小明星。

10.

性格开朗，活泼大方。

写作诗歌，翰墨飘香。

能文能武，为班争光。

品学兼优，人人夸奖。

做事麻利，讲究质量。

五一才女，声名远扬。

二、由衷的赞美

1.

思维灵动超可爱，人聪慧，书写佳，善写作，多才艺，善思明理竟芬芳。

声音甜美语感好，尊师长，勤努力，品书香，蕴涵养，自信成长美名扬。

2.

小小年纪不一般，自主学习有品位。潜心努力人人美，志高远，德智体美全发展。

声音甜美舞姿妙，上课发言展风采。书写入体成绩佳，身心健，乐观向上稳向前。

3.

声若百灵，笑容灿烂，与人为善。善画爱阅读，学海里扬帆。

动手动脑，表达极佳，情绪自控。书写进步大，惜时莫等闲。

4.

温婉可爱，入座即学，自律自悟。阅读提升，绘画获奖，写话有路。

热情善良，尊敬师长，有思有想。努力进取，自信大方，迈向高度。

5.

笃实善良阳光，时间管理有章。书写入体成绩佳，勤于学海逐浪。

武术日益精进，总有奇思妙想。温文尔雅超自律，徜徉书海品香。

6.

精益求精学业欢，诗词背百篇。多才多艺，自律自强，志存高远。

笑容灿烂似云霞，字美妙音转。班级楷模，积极乐观，卓越领先。

7.

惜时如金，达礼知书，独立作业察误。学习不畏寒与苦，翩翩少年风采著。

自律自强，表达进步，带着问题读书。持之以恒展自信，勤于思考不停步。

8.

活泼可爱且聪颖，读书凝神心定。班级管理显能力。成绩科科佳，自信放光芒。

校园活动展风采，自尊自律前行。勤思多问登顶峰。品学样样精，高效写豪迈。

9.

天资聪慧无人敌，自主阅读有品位，琴棋书画样样精。朗诵佳，校园活动展风采。

跳绳科技掌声响，情绪自控更可贵，说拉弹唱行行通。身心健，破浪行舟创新篇。

10.

性格独立坚强，天资聪慧超群。思维灵动品学优，体贴善良包容。

做事严谨认真，待人谦虚诚恳。深度思考善表达，学习持恒有方。

三、倾情的欣赏

1.

你真诚善良，你宽容忍让，你自谦而又自信，自励而又自强。你驰骋在学习与工作的两条主干线，用汗水浇灌学习，将激情赋予工作。班级工作中，你大显身手；菁菁校园里，你一展才华。

向优秀无私的你致敬！

2.

你善于积累，深知九尺之台起于垒土，千里之行始于足下。你宽容大度，深知比天空更广阔的是人的胸怀。你对美好品德的执着追求，使冰山化为大海；你对学习充满必胜的信念，并为之付出十倍百倍的精力。

你是真心英雄，从不言败！你是天之骄子，永不服输！为你骄傲！

3.

你，如同山涧里的清泉，滋润身边每个心灵；你，宛如清晨的阳光，带给我们无限的活力和希望。乖巧中露出一点儿调皮、自信中透出一丝羞涩；处事果敢、意志坚韧，你的笑容明媚可爱、言行高雅大方。你用不懈的努力向所有人证明：胸有凌云壮志，没有高不可攀！

一个可爱而又坚强的女孩，为你骄傲！

4.

你是振翅飞翔的雄鹰，勇于划破苍穹的寂寥；你是顽强坚忍的种子，勇于冲破岩层的禁锢；你是傲然挺立的蜡梅，勇于穿越严寒的阻碍。面对困难，你毫不畏惧；面对低谷，你勇于突围。你是一个不断带给我们惊喜和震撼的孩子。你用行动续写着不断超越自我的华章。为你骄傲！

5.

优雅的举止，轻盈的步伐，良好的习惯，饱满的精神，构成了我心中最美的画卷。你舞出了明媚的阳光，舞出了生命的精彩，带给我们信心与希望。在攀越书山的征程中，你不断反思自我、完善自我、突破自我。坚定的信念和毅力是你学业进步的秘诀。

愿你在人生的道路上，一路高歌，一路进取！一路进取，一路高歌！

6.

    灯火阑珊，你仍在奋笔疾书。孜孜不倦中，你展示出了超乎常人的执着，你用勤奋和执着铺就了一条成功之路。你在如花的年龄，执一支生花的妙笔，细心地描摹世界的美好，而你在这样的描摹中，成为别人眼中最美的风景！

7.

    你用自己的优秀的行为感染身边的每一个人。尊敬老师，关心同学，一句句真诚的话语，一件件暖心的举动。 你播撒汗水，收获硕果；你不断超越，描绘蓝图。你为同学们树立了光辉榜样。你将优秀的种子播撒在心田，你将优秀的火炬传递出去，使我们优秀集体的精神持续传承。

8.

    你已经具备了科学家的优秀品质。你思维灵动，才思敏捷，不墨守成规，勇于创新。希望你不畏艰难，勇于攻破解难题。相信你一定会成为一颗耀眼的新星，在未来的科学星空中光芒四射！

9.

    你用辛勤的汗水和闪光的智慧充实着自己瑰丽无比的人生！你以极强的责任心和无私的奉献品行奏响了学生时代无悔的乐章。心细如丝、不计得失，在默默的奉献中，以实际行动诠释责任的意义；别人误解时，你始终保持宽和的微笑，用爱明艳了世界。真希望你是我的女儿！

10.

    你怀揣对知识的渴望，对学习的热情，携带着执着与坚韧上路，一步步从平凡走向非凡，终于成为众人瞩目的焦点。举手投足间，你让我们感受到自信飞扬；谈笑风生里，你让我们感叹于幽默风趣，谈古论今，更让我们佩服你学识渊博，你用执着带给我们震撼。期待你更大的进步！

真情书信润心田

一、适时的引领

"暖城行动"大型慈善公益活动的爱心寄语

亲爱的同学们：

大家上午好！

冬日阵阵的寒风让我们更想念温暖，想找一个地方给身心好好放个假，本次我校全体师生共同参加的大型慈善公益活动，便是一种让我们可以寄放心灵的温暖选择。

尽管冬日的寒风是如此凛冽，但我们的校园里却洋溢着浓浓的爱、深深的情，充满着无限的温暖。

吉林大学附属小学，这个最具温情的校园，不断涌现出各种形式的公益活动，支撑并完善我们长春这个人情味最浓的城市。

正如刘校长所说："参与此类活动，是我校坚持社会主义核心价值观，切实加强师生思想道德建设的重要举措，是与时俱进，提高德育时效性的重要抓手，是构建人文校园的重要途径。可以更好地引导教师、学生以活动为载体，在活动中感受爱，学习爱，付出爱，并回归现实生活。从点滴做起，在生活中实践爱，奉献爱，传递爱，让爱心在行动中扎根。"

凡·高曾说过："爱之花开放的地方，生命便能欣欣向荣。"爱让我校师生并肩携手，爱让我市民众众志成城，爱让所有人亲如一家。"爱心"这个我们再熟悉不过的词，在生活的处处闪耀着光辉。

爱心是一片冬日的阳光，使饥寒交迫的人感到人间的温暖；爱心是沙漠中的一泓清泉，使身处绝境的人重新看到生活的希望；爱心是一首飘荡在夜空里的歌谣，使孤苦无依的人得到心灵的慰藉。

幸福是什么？归根到底，幸福是一种感觉，能爱因而被爱的感觉。

幸福是一种关系，凭着日复一日、习惯成自然的温暖、友善的行为所建立起来的个人与世界之间的温暖友善的关系。拥有这种感觉和关系的人，将心想事成，因为他们的利益、愿望是相通的。

一颗颗真挚而虔诚的心使生活的四季温暖如春，吉林大学附属小学充满爱的行动支撑了美丽春城一方爱的晴空。

爱——世界上所有的伟大都凝结在这个字里，人生中的万千情愫都归结在这个字里。爱——人世图书馆中最普及的藏书，人人都可以借阅，能够从头读到尾的人，生命如诗。

祝你们都拥有如诗般的生命！

教师代表：李春梅

2011 年 11 月 28 日

我爱的，就是你本来的样子！

亲爱的达达：

不知你现在入睡没有？

今天你告诉了老师你高中文理分班的成绩，你说，你已陷入从未有过的低谷，你感到很抱歉，愧对老师六年的悉心教育。孩子，老师知道，这次的成绩对自尊心极强的你一定打击不小。

老师不知道该怎样安慰你。老师知道，你为了当文综学霸所付出的努力，也能想象你每日奔波在老师办公室和教室之间的那份忙碌，和你每日面对高强度学习时的那份压力。

老师真的能感受到，因为老师了解你，深深地知道你对优秀成绩的渴望。那份对自己的尊重与爱！

所以，孩子，老师想告诉你，老师不在意你的成绩是否优秀，也不拿你和别人比。老师只是希望你能快乐，对得起自己！

老师想告诉你，无论你成绩优秀与否，老师都深爱着你，因为你一直是我的骄傲！老师一直觉得你是老师今生最好的礼物！

老师虽不在意你考试成绩优秀与否，但仍希望你能用功地读书。老师允许你考试失败，甚至允许你下次考试失败，因为聪明的你在失败中学到的会更多！

老师尊重你，让你选择你喜欢的文科，绝不是因为你学不好理科才不得不去学文，而是因为老师希望你能快乐地学习！并能在快乐学习中做最好的自己！

在哪儿跌倒，在哪儿爬起来才是真正的男子汉！所以，孩子，老师相信，老师会看到一个更努力的你呈现在大家面前。

相信你会慢慢学会更有计划地学习，善于在学习中发现问题，树立紧迫的时间观念，更善于归纳整理学习资料，而且会明白将哪些学科为首要必须学好的科目……

老师相信你！孩子，一次考试失利会带给我们很多思考，从来没有人是常胜将军！只要努力，什么时候都不晚！

加油！我的孩子！我爱你，我的孩子！我爱的，就是你本来的样子！愿你快乐学习，快乐成长！

祝好梦！

爱你的李老师

2015 年 11 月 20 日晚于山东

二、奋力的鞭策

成为最好的自己

亲爱的涵涵：

这几天老师一直挺担心你的，担心你因为一次考试成绩失利而失去了战胜困难的勇气。

但是看到你这几天的变化，听到今天你说"我这回把该背的都背好，看看成绩如何"时那份坚定的神情，老师知道了，老师多虑了！

我的涵涵真正成熟起来了，真正长大了！

我为你骄傲，我的孩子！因为你懂得了为自己找准努力的方向，正在做一个最好的自己。你也正在让他人因你的存在而感到幸福！

谁都渴望成为英雄豪杰、伟人巨匠，但受自身条件、社会环境等制约，真正成为艺术家、文学家、企业家的，只是少数。

孩子，别忘了，也许你永远成不了"家"，成不了学霸，但通过努力，你却完全可以成为最好的自己！

你也许不是最聪明的，但你可以最勤奋；你也许不会最富有，但你可以最充实；你也许不会最顺利，但你可以最乐观……

孩子，不管今后你从事什么工作，都让自己成为最好的吧！做最绿的小草，最纯的水滴，最亮的星星……

孩子，老师很欣喜，此刻，你已经走在了成为最好自己的路上！为你骄傲，我的孩子！

爱你的李老师

2020 年 11 月 25 日

孩子，你一直在成长！

亲爱的辉辉：

那天因为你妈妈话说得重，你反驳说："你这样我就没法成长！"然后负气而去。昨天你和我讲述这件事情时，还在抹眼泪。老师不知该说些什么才能安抚你受伤的心灵。

孩子，看到今天你自我平复了心绪，很快调整了状态，老师真为你骄傲！

今天，老师想和你谈谈什么是成长？

我们常说，一个人在不断地成长，到底什么是成长？是学会了弹钢琴、画画，是熟练地会说一门外语，还是学会了爱因斯坦的相对论……

显然这些都不是实质性的成长。真正的成长是价值观的提升，价值观的跃迁，价值观跃迁一个层级，人的命运发生质的变化。

很多人一直活在固有的信念、固有的模式、固有的行为中，不曾察觉，所以生活很难发生质的改变。

性格是未被满足的内心需求的表达，所以学会真实地面对自己的内心，了解自己便是最基本的功课，有了这样的能力才是真正地开始成长。

所以，改变信念，提升价值观，完善人格，这才是成长的快乐所在。当然，这些提升不仅仅是变为信念，而是要在生活中切切实实地做到，活出精神，这才是真正意义上的成长。

孩子，从外打破是压力，从内打破才是成长，成长不来自外界，而来自自我。

真正成长的人不会为模糊不清的未来担忧，只为清清楚楚的现在努力；真正的成长是从先改变自己的态度开始的，这样才能改变你人生的高度；真正的成长不是看到希望才去坚持，而是坚持了才看得到希望。

亲爱的孩子，也许你所做的事情，暂时看不到成功，但不要灰心，你不是没有成长，而是在扎根。

亲爱的孩子，

当你下定决心要当语文学霸的时候，你在成长；

当你用心准备小提琴比赛时，你在成长；

当你一遍一遍地背诵课文时，你在成长；

昨天，当你用相机记录老师和同学在一起的美好瞬间时，你在成长；

当你每天诙谐地逗老师开心时，你在成长；

当你带着感动告诉我班会中给你们看的视频主人公真了不起时，你在成长……

孩子，其实你一直在成长，一直在努力地成长。老师感受到了你的成长，并见证了你的成长。老师很开心，很骄傲！

　　亲爱的孩子，祝成长快乐！

爱你的李老师

2019 年 6 月 19 日

三、倾力的喝彩

享受比赛的过程

亲爱的煊煊：

　　老师早上一出家门，便有一只鸟在我的头上盘旋翩跹，定神一看，竟是一只喜鹊，那边树上还有一只。望着它们双双翩然而去，寒冬中竟让老师有了些许暖意！

　　来到班级将早上所见和你们分享，你们便雀跃起来，有的说："老师今天一定有喜事。"可爱的你竟不假思索地说："李老师又要生儿子了！"有如此可爱的你们，我的生活处处充满惊喜！

　　然而，亲爱的煊煊，更让老师惊喜的是你带给老师的！刚刚看到你明天参加校园"百家讲坛"比赛的通知，想到这几日和你从写稿—改稿—背稿的艰辛过程，你鼻炎犯了，外加感冒，但为了达到完美的效果，每日勤加练习，一次次地超越自我。如此切磋，如此琢磨，无论明天结果如何，我亲爱的孩子，你的人生必将在这一次次超越中晶莹剔透，光彩流转！为你骄傲，我的孩子！

　　人生真正的喜悦不正是在每一天都能遇见最美的自己吗？！老师很开心，你有了这样的成长轨迹和生命节律！

　　祝享受比赛过程，比赛快乐！

爱你的李老师

2018 年 12 月 8 日

第一章

亲爱的孩子，为你骄傲！

亲爱的煊煊：

昨天在校园"百家讲坛"比赛中，你以二等奖的优异成绩完成了比赛，带给了我们太多的震撼与惊喜，也用行动证明了自己的优秀。

亲爱的孩子，为你骄傲！

因为你所抽的参赛号不占优势，你以 0.4 分之差无缘冠军，你有了些许遗憾，但是老师想告诉你，人生本就没有所谓的完美。有些时候遗憾也是一种美，享受比赛过程的完美才是最重要的！

其实在这次参赛的过程中，你收获了很多。你从一次参赛思考了学习的真正含义，明确了自己的重要使命，真的了不起！

你懂得了在你人生不同阶段都有不同的使命，在学生阶段，学习掌握知识，为以后的人生获得成就的能力，就是你这个阶段最重要的使命。为了这个使命，你说你必须要学习忍耐、学会放弃、学会付出，这不仅是学习的需要，也是人生的一种修炼。你知道了学习从来就不是一件轻松的事，这是以前无论我怎样告诉你，你都无法明白的道理。所以，孩子，老师认为你已经取得了比赛的第一名，不是吗？

在这次比赛中，你经历了反复的、枯燥乏味的练稿过程，一遍又一遍……甚至上厕所时还在不停地练习着，似乎达到了走火入魔的地步！孩子，老师看到这样的情景，既心疼又感动。我的煊煊真正地成熟了，长大了！老师真的为你骄傲！

纵观我们身边的人，但凡取得一定成就的都是要经过艰苦的努力，天下没有掉馅饼的事，只有通过自身的不懈努力，刻苦钻研，才有成功的可能。

这个过程让你明白了，没有经过无聊和辛苦的学习过程，就不可能有快乐的学习成绩！优秀学习成绩的取得，需要在别人玩耍的时候，在别人看电视的时候，静下心来学习。当取得优秀的成绩，辛苦的努力得到回报时，学习的快乐才会显现出来。你清楚地知道了，长大后踏入社会后具备积极向上、努力付出的责任感，这才是让自己在努力学习过程中学习到的最重要目标。

亲爱的孩子，这次比赛虽然结束了，但无论越过多少光阴回望，我都会被你参赛过程中所彰显的努力和执着感动着！为你骄傲，我的孩子！

爱你的李老师

2018 年 12 月 10 日

愿你过上我从未见过和理解的生活

亲爱的家源：

听说你被选为学生会主席了，老师由衷地为你高兴。

老师开心极了！因为品性的优秀是你走向成功的基石！孩子，努力做一个平静的人，一个善良的人，一个微笑挂在嘴边、快乐放在心上的人吧！这样的人注定一生幸福！

你妈妈说你在家里总是利用休息时间辅导同学政治、地理题，而且说："李老师说过只有自己讲明白了的内容，才是真正懂得了！给同学讲题既帮助了同学，自己也有提升，一举两得"。老师为你的成长而骄傲！你还反思了自己以前的学习状态，对自己进行了深入地剖析！孩子，你真的长大了，成熟了！

尽管老师一直相信你一定会真正地成长起来，只是没想到，这一天会来得这样快！我亲爱的孩子！从小到大，你一直是一个可以给我不断带来惊喜的好孩子。老师一直觉得我是这个世界上最幸福也是最幸运的老师！这一次你的成长是最让老师开心和快乐的！

想到小小年纪的你每天把自己的学习、生活打理得井井有条，想到每天你忙碌着却从不叫苦叫累，老师打心底里佩服你！

今天，你的班主任又向你的妈妈表扬了你："家源在语文方面真是太有天赋啦！"

你看，每一个爱着你的人都见证了你的成长！而你也让我们因你的存在而感到幸福！谢谢你，我的宝贝！

你问我，为什么数学怎么学也不像别人学得那么好呢？孩子，在人生里，每一个人都有其独特非凡的素质，有的香盛，有的色浓，很少能兼具美丽和芳香的，因此我们不必欣羡别人某些天生的素质，而要发现自我独特的风格。当然，我们的人生多少都有缺憾，这缺憾的哲学其实很简单：连最名贵的兰花，恐怕都为自己不能芳香而落泪呢！所以，我亲爱的孩子，遵从内心，努力做好自己吧，不艳羡别人，也不要轻视自己！你是独特的，只因你是你自己！

愿你过上我从未见过和理解的生活，你理想中的生活！

为你骄傲！我的孩子！

祝天天快乐！

爱你的李老师

2019 年 12 月 23 日

四、永远的祝福

教师毕业寄语

亲爱的同学们：

人生的各个路口，感情负载得重重时，也许就是离别的瞬间了。六年的时光如水逝去，离别已悄然而至。

心灵的帆影回溯岁月的长河，我们蓦然看到，矗立在歌吟里，掩映在诗词中，定格在时空间的，是我们彼此相知相守的日子。而你们那稚嫩的脸庞，纯真的笑容，飞扬的身姿，仿佛就在昨天，看着已然长大、成熟的你们，我不禁感慨万千。

苍茫人世，因为这离别有了某种缺憾，也因为这别离缺憾成美。人生是流动的，生活是流动的，爱却永久地与我一起向你们挥手相送。

少年是一块虚怀若谷的包袱皮，藏进什么都最稳妥，一辈子都能闭着眼摸到。

因此，我要感谢吉林大学附属小学这片润育心灵、激发潜能的沃土，给予了你们无限成长和历练的空间，使你们懂得了爱的真谛，懂得了如何热爱生活。

我要感谢校领导给予我们教师的肯定、鼓励与赏识，使我们对工作有了庄重的承诺，有了道义的担当，有了价值的坚守，更有了充满诗意的浪漫追求。

我要感谢我的同人们给予了你们品格上的渗透，思维上的导引，精神上的点拨，使你们活泼灵动，才思敏捷，个性张扬。

我还要感谢六年来一直支持、理解我们的家长朋友们，因为我们都怀着对生命的敬畏、尊重和关爱，所以我们彼此赢得了对方。

我更要感谢天使般可爱的你们，给予我为人师的幸福与快乐，和带给我的生命中永恒的春天。是你们放飞了我稚嫩的幻想，是你们点燃了我喷涌的激情，是你们唤醒了我沉醉的智慧，我平庸的生命因为你们而精彩。

何其有幸，能陪伴你们走过这一段人生中最美好的岁月，我会永远珍视它。你们是我生命中最美好的回忆，也是我生命中最精彩的一页。岁月让我们改变，改变让我们怀念，逝去的将成为我们最亲切的怀念。就让记忆化作"披着情绪的花，无名的展开；化作小荷的香馥，每一瓣静处的月明"。

同学们，你们即将离开母校，踏入新的学校，面临新的挑战，书写新的人生篇章。昨天，你们为了理想艰辛地付出；今天，你们收获着成功和快乐；而明天，你们就要朝着自己崭新的目标奋斗，继续创造属于自己的辉煌。

同学们，无论你们走到哪里，请记住，母校永远是你们前进的坚强后盾，母校的老师时刻都在关注着你们，你们的成功将是老师最大的安慰和骄傲。

衷心祝愿同学们在未来的人生道路上，用勤奋和努力、坚毅和执着，谱写出属于自己的华彩乐章！

教师代表：李春梅

2013 年 6 月 25 日

五、温暖的印记

你们是爱，是暖，是希望！

——新年致我最最可爱的孩子们

新年等在窗外，

正欲展开笑颜。

此刻，

最美的、最温柔的夜，

带着一天的星。

记忆的梗上，

轻轻地拾起，

那些可以珍藏的；

细细地找寻，

那些温暖的印记，

无名地展开。

（一）记忆中那些可以珍藏的温暖印记

难忘记嘉蜜宝贝学霸笔记的才情，每天上交学校体温监测表工作的严谨，细心整理图书角的那份主动与坚持；

难忘记悠扬宝贝朗读时的甜美嗓音，日记中清丽的文笔，独特的生活体悟；

难忘记渤轩宝贝在上海的进步与成长，对老师、同学的那份思念；

难忘记艺源宝贝对学习的热爱，追问老师"什么时候可以考卷"的那份天真可爱；

难忘记一菲、一枫宝贝甜美的笑容，拥抱老师的浓浓爱意；

难忘记则为宝贝每天中午主动帮老师放好午餐后悄悄离开的身影，武术比赛中的潇洒身姿；

难忘记珑胧宝贝演奏大提琴时的那份优雅，课堂上积极出色的表现；

难忘记昊睿宝贝总是及时提醒老师的那份贴心，主动为伤病同学服务的那份体贴；

难忘记恩旭宝贝美观的书写，管理班级时的那份从容与大气；

难忘记星熠宝贝争分夺秒地高效学习，担任生活班长时卓越的管理才能；

难忘记昕悦宝贝英语领读时的自信，表达的出色，日记中彰显的童真童趣；

难忘记衍丞宝贝的自律与严谨，骄人的成绩，语出惊人的思辨能力；

难忘记宸轩宝贝的友爱谦和，无私忘我；

难忘记世博宝贝的活泼灵动，给班级带来的无穷快乐，遇事总能想出好办法的卓越领导才能；

难忘记书含宝贝的温婉可爱，关爱老师的那份贴心与温暖；

难忘记筱琪宝贝舞台上的优雅自信，朗读时超越老师的才情；

难忘记禹辰宝贝看到老师站着辅导同学时，帮老师轻轻地搬来一把椅子时的感人话语，广播电台的极佳表现；

难忘记陆晓宝贝在学习路上持之以恒的努力，彰显的学霸气质；

难忘记润承宝贝目送老师去看病迟迟不肯离开的那份深情，老师说坐班车的同学每天都很辛苦时，不假思索地回答"见到李老师就不辛苦啦"的感人话语；

难忘记子涵宝贝从容地协助各科老师的卓越表现，课堂上灵动的表达；

难忘记美多宝贝潇洒的书写，悦耳的话音，冰场上的坚持；

难忘记熙雅宝贝广博的阅读，丰富的知识储备，辅导同学时堪比老师的耐心与细致；

难忘记小茜宝贝小提琴演奏时的优雅自信，管理班级时的兰心蕙质；

难忘记美涵宝贝对演奏小提琴的酷爱，为哭泣的同学轻轻擦去腮边泪水的那份良善；

难忘记誉轩宝贝书写的大气洒脱，带病坚持学习的坚韧和将自己的水果悄悄放在老师桌上的温情；

难忘记钧匀宝贝的优美舞姿、笑颜如花，超强的自律与严谨；

难忘记宇航宝贝的淳朴善良，对集体的无私关爱；

难忘记颢然宝贝极具感染力的诵读，校园电台的极佳表现，理解老师的会心微笑；

难忘记韵涵宝贝对同学的无私关爱，心系集体，协助老师管理班级的智慧；

难忘记骏昊宝贝极佳的外交才能，待人接物的热情周到，学校活动主持时的极佳表现；

难忘记宇姿宝贝的活泼开朗，极佳的口语表达，歌唱比赛时的大方从容；

难忘记媛熙宝贝学习路上的执着进取，高雅的气质，极强的自制力；

难忘记栋璘宝贝独特的思维，校园宣讲员的极佳表现，每天中午到户外活动前和老师挥手说"再见"的可爱；

难忘记皓煊、赫煊宝贝潇洒的字体，深情的朗读，弹奏钢琴时的大家风范；

难忘记师睿宝贝最是书香能致远，腹有诗书气自华的才情，高效的学习方法；

难忘记栩赫宝贝总是拿放大镜看老师优点的那份可爱与天真，主动自律成长的令人欣喜；

难忘记芸熙宝贝始终如一的自律，骄人的成绩，堪称完美的表现；

难忘记宁志宝贝的宽容大度，脸上可爱的笑容，果敢坚毅的品性；

难忘记禹嘉宝贝篮球场上的潇洒身姿，管理班级的卓越才能，自信谦和的品格；

难忘记笑楚宝贝的无私忘我，对老师细心的关注和浓浓的爱，学习路上的不断超越；

难忘记一帆宝贝课堂上思维的灵动，文笔的清丽，字体的优美；

难忘记昊辰宝贝横溢的才华，谦逊的品格，随和友好的处事方式。

……

（二）关于学习成绩

在这繁忙的一学期，你们竭尽所能，全力以赴，我为你们的成长深感自豪！

千万不要因为这次测试成绩不佳而郁郁寡欢，这次测试并不能够考出你们出彩独特的一面。

你们的分数能说明一些问题，但是不能说明一切。

因此，正确看待你们的成绩，为自己感到自豪，才是李老师希望看到的你们的样子。

我们不背负荣誉和失败过日子，反思才是我们成长的必修课。

（三）关于成长

1. 不管怎样，总要读书

利用假期，培养一下读书习惯。每天读书 1 小时以上。清除杂草的最好方法是种上庄稼或者鲜花，而去除坏习惯的最好方法就是培养好习惯。

坚持朗读，培养语感的最好方法就是大声朗读，每天坚持 10 分钟，你会看到惊人的变化。

可以阅读《夏洛的网》《鲁滨孙漂流记》《小王子》《爱的教育》及假期作业中推荐的、征文比赛中推荐的书籍。

2. 不管怎样，总要善良

人是宇宙精华，万物灵长。我们之所以接受教育，既是为了提高能力，更是为了陶冶情操，让心灵柔软、善良，继而走向高贵。

3. 不管怎样，总要心向光明

只要心里有光，就能和有缘有情人相互照亮；

只要心里有光，就能感应到世界的多彩；

只要心里有光，即使在最阴影的日子里，也能坚持温暖而有生命力的品质。

让我怎样感谢你们，当我走向你们的时候，

我原想收获一缕春风，你们却给了我整个春天。

让我怎样感谢你们，当我走向你们的时候，

我原想捧起一簇浪花，你们却给了我整个海洋。

让我怎样感谢你们，当我走向你们的时候，

我原想撷取一枚红叶，你们却给了我整个枫林。

让我怎样感谢你们，当我走向你们的时候，

我原想亲吻一朵雪花，你们却给了我银色的世界。

愿你们成长的每一天都快乐多多，幸福多多！

永远爱你们的李老师

2021 年 12 月 31 日

第二章
让学习真实发生

　　王国维先生在《人间词话》中，将古今之成大学问者的境界分为三级，"昨夜西风凋碧树。独上高楼，望尽天涯路。"此第一境也。"衣带渐宽终不悔，为伊消得人憔悴。"此第二境也。"众里寻他千百度，蓦然回首，那人却在灯火阑珊处。"此第三境也。

　　人生有境界，学习亦有高度。在教学过程中，我们应遵从学生的成长规律，顺应其发展路径，适当地引导与传授，使其逐级提升。

　　直到有人深刻地揭示存在于我们内心深处的可贵之处，值得被倾听，值得被信任，不但触手可及，而且感觉很神圣时，我们才肯信任自己。我们一旦对自己充满信任，便可以在好奇心、求知欲、自发性愉悦以及各种体验的诱发下展示我们强大的精神动力。

第一节　培养高段位的学习者

如今语文核心素养培养已成为小学语文教学的核心任务。这就要求小学语文教师在日常教学实践中，要尽可能地帮助小学生掌握基本的汉语言知识，同时又要深挖教学资源，丰富语文课堂的教学活动，促使学生积极参与到教学活动中自主探究，获得更为深刻的学习体验，于深度学习中提升学生语文核心素养，成为高段位的学习者。

一、核心素养视域下小学语文深度学习的必要性

核心素养视域下小学语文深度学习的必要性主要基于两点：

第一是提升小学生汉语言知识应用能力的基本要求。小学语文教师不仅需要传授给小学生基本的汉语言知识，还需要培养与增强小学生的汉语言实际应用能力。而开展小学语文深度教学后，教师需要比之前更精心地甄选教学内容，积极组织小学生有条不紊地开展好语文探究学习活动，同时巧妙创设相应的汉语言运用情境，丰富小学生的汉语文学习体验。这些都可以更好地帮助小学生深入学习汉语言知识，更加熟练与正确地运用汉语言知识。

第二是培养小学生较高综合素养的要求。在新课改持续推进的大背景下，小学语文教师既肩负着培养小学生汉语言学习能力的重任，还担负着培养小学生良好的思想道德观念、科学的思维能力、良好学习习惯的重任。而在核心素养视域下开展语文深度教学，则将小学生的语文学习活动置于真实的学习情境中，促使小学生积极主动构建语文知识框架，自主探究与深入了解语文知识间的关联。这样既增强了小学生的语文知识涵养，也提高了小学生的自主探究能力与问题解决能力。

二、核心素养视域下小学语文深度学习存在的问题

（一）语文自主学习显现出的问题

当前在语文学习实践中，小学生自主学习逐步显现出以下三方面的问题：第一，由于很多小学生缺乏基本的独立性，自制能力也不强，虽然语文教师在每节课后会布置相应的课后作业，用于巩固课堂学习成果，但是部分小学生根本没有按照教师要求认真完成。再加上他们在课堂上注意力集中时间有限，没有全程专心听教师讲解，对语文知识理解不够深入，所以语文学习成效不太理想。长期下去，小学生自己也不愿加入语文深度学习中来。第二，有些语文知识点本身比较抽象，小学生学习起来枯燥无趣。尤其是那些语文学习兴趣不高、语文成绩不太好的小学生，由于他们在语文基础知识方面有所欠缺，难以理解这些抽象的语文知识点，就容易产生不良的学习挫败感，削弱他们的语文学习积极性。第三，部分小学生的自主学习方法不正确。在语文学习过程中，努力固然重要，但方法更重要。有些小学生之所以语文成绩不理想，是因为他们没有掌握科学的语文学习方法和养成良好的语文学习习惯。在语文学习过程中，蜻蜓点水，一掠而过，或者对某个知识点生硬记忆，自然难以达到理想的语文学习成效。

（二）语文合作学习显现出的问题

在小学语文深度学习中，合作学习方式也十分重要。它不但有利于学生之间进行有效地信息交流，使小学生在同他人的信息交流过程中，学习他人的良好思维方法，同时充分激发自身的大脑发散性思维，而且也有利于小学生获得同伴的认可与支持，充分调动其参与语文学习与语文探究的积极性并能够显著提高小学生的语文学习效率。但是，当前在语文合作学习实践中，有些教师所应用的教学方法存在偏差。在日常教学实践中，有些教师仍然只依据语文教材的要求，传授基本的理论知识。这些教师片面地认为合作探究会占用大量课堂教学时间，容易扰乱课堂教学秩序，所以不开展或很少开展小组合作探究活动。这样就很难有效培养小学生的语文深度学习能力，语文教学成效也不好。

三、核心素养视域下小学语文深度学习的策略

（一）引导学生宏观、微观相结合，全面深度研读语文教材

语文教材是最基本的学习载体，倾注了编著人员的大量心血。而在语文学习过程中，教师也需要利用好语文教材这个最重要的教学媒介，引导学生宏观、微观相结合，全面深度研究语文教材；不但要求小学生理解与掌握每节课的基本内容，还应该要求小学生深度挖掘课文内容，发现更多深刻的内涵。在传统小学语文教学中，教师大多注重理论传授，适当挑选一些好词好句，让小学生认真品读，体会这些好词好句中蕴含的情感，不太注重培养小学生的语文阅读能力和写作能力。这种教学方法虽然能够使小学生熟练掌握某些语文知识点，但过于片面，无法有效引导小学生从整体上理解语文课文的情感表达与思想内涵，不利于小学生语文核心素养的培养，同时也是明显违背小学语文深度学习要求的。所以，要想开展语文深度学习，教师在进行语文教学时，首先需要引导小学生宏观把握语文课文的基本内容，理解语文课文蕴含的基本情感，而后再逐步细化解读某些精彩片段与精彩语句、字词等。这样小学生就会对语文课文形成一个基本的情感与内涵认识。这种情感与内涵认识的作用巨大，是其后续对课文细节内容的理解基调。

（二）灵活运用教材，培养与提升小学生的语文核心素养

1. 借助语文教材，增强小学生的汉语言理解能力

首先，教师需要明确认识到小学生是整个语文教学活动的主体。教师开展语文深度教学，培养小学生的语文素养，应该从小学生的基本学习状况出发，制订合适的教学计划，优化课堂教学质量。其次，教师应该努力营造浓厚的阅读氛围，促使小学生能够专心沉浸在语文课文阅读中，这样小学生就可以更加深刻、准确地理解语文课文内容，把握住语文课文的内容精髓。最后，在整个深度教学环节中，教师应该有意识地避免被动单向式教学，将更多的时间还于小学生，积极鼓励小学生自主阅读、自主品读、自主理解。在长期的自主阅读实践中，逐步加深小学生对汉语言文字独特

魅力的感受与认识，在循序渐进中增强小学生的汉语言理解能力，熏陶小学生的语文素养。

2. 以语文教材的语言建构为基点，培养小学生的汉语言能力

在小学语文学习中，生词学习十分重要。通过学习可以夯实小学生的语文学习根基，帮助小学生更深入地理解课文内容。因此，在日常教学实践中，教师可以以语文教材的语言建构为切入点，有效锻炼小学生的汉语言能力。一方面，教师可以经常选择一些语文课文中的字字搭配、字词搭配、词词搭配内容，引导小学生灵活运用，增强小学生的语文感受能力与应用能力。另一方面，教师在教学中不但应该要求学生背诵与默写教学大纲中要求的课文，还应该要求学生朗读默写那些学生自己认为比较精彩或感兴趣的片段。以此逐步增强小学生的汉语言知识积累能力，提升小学生的语文核心素养。

（三）倡导自主学习，有效激发小学生的语文学习主动性

小学生的主观能动性对小学生的语文学习活动具有十分重要的积极促进作用。在小学语文教学中，教师也应该倡导自主学习，充分激发小学生的语文学习主动性。而实施自主学习的前提就是赋予小学生较强的自主学习动力，因为拥有了自主学习动力，小学生才能够长时间积极地自主学习探究。这就需要教师在教学中精心选择合适的教学内容和较为科学的教学方法，并以此为切入点，有效激发小学生的语文学习兴趣。

（四）强化合作学习，增强小学生多方面的综合能力

在社会生产研究中，人们会遇到许多问题，有时单靠个人力量很难解决，而通过团队合作，则可以充分发挥多方面知识的综合作用，成功解决问题。所以，合作能力是未来人才的必备能力之一。为了小学生的长远与全面发展，教师需要通过合作教学法，引导学生分工合作，成功完成相应的学习任务。这样既尊重了小学生的教学主体地位，又充分调动了小学生参与课堂教学活动的积极性，增强了小学生的合作能力，提高了小学生的语文学习效率，促使小学生在完成自身任务的过程中，主动探究，积极创

新，进而培养小学生的自主探究能力与创新能力。

（五）引导自我建构，培养小学生向自己提问的能力

从教育学和心理学的专业角度来看，培养高段位的学习者，首先要培养学生向自己提问的能力。可以说，向自己提问，是成为好的学习者的第一步。通常情况下，至关重要的是知识在传递过程中的精准性、完整性，而学习者的心智，包括他们原有的知识体系、方法、观念、困惑，却常常被我们无情搁置，不闻不问。我们通常采用的是"直接传递模式"，即认为学习就是简单、线性的"传递—接受"的过程；学习的目标，只是用静态的知识把学生头脑装满。而高段位的学习者更合理的培养模式，应该是"建构式"的，即知识不是简单地吸收而来，而是学生主动建构而来，学生充分地调动自己的已有知识，在主动性目标的指引下，在丰富的情境中积极地进行探索，把新旧知识融合在一起，在头脑中建构新知识，主动地探求未知的领域，拓宽"未知的未知"的边界。提问是将学生引向深度学习的起点。一位高段位的学习者，必定是一个优秀的提问者。他会从阅读、观察和思考的过程产生问题，先解答表层的、容易的那部分，留下深度的、探索式问题给自己，并在由此问题招致的持续困扰和折磨中开启卓越的心智之旅。

总之，进行语文深度学习是培养小学生汉语言应用能力，增强小学生语文核心素养与综合素养的基本要求。语文的深度学习，应是具有"文化深度"和"认识深度"问题驱动下的学生的情感、思维的有效激活，是师生合作碰撞的拔节提升。在小学语文教学实践中，教师需要彻底改变传统的填鸭式教学模式及学生学习兴趣不高、学习注意力不集中、学习停留表层等不良学习状况。通过引导小学生全面深度研读语文教材，灵活运用语文教材，倡导自主学习等方法，耐心指导小学生进行语文深度学习。以此逐步增强小学生的语文核心素养，促进小学生的全面发展。

第二节　揭开自主学习的秘密

科学家进行过这样一个实验：将一只跳蚤放进玻璃杯里，跳蚤能立即轻松地跳出来。它所跳高度是其身体高度的几百倍。如果在杯口盖上玻璃，跳蚤就会一次次撞在玻璃上，不过，很快它就变得聪明起来，开始调整所跳的高度，只在玻璃下跳动，再也不会撞到玻璃上。一天后，实验者拿开玻璃，跳蚤仍然在原有高度跳动。一周以后，它虽然还是不停地跳动，但已经无法跳出这个玻璃杯了。它已经确信，那个高度是自己无法逾越的——"习得性无助"。

习得性无助行为，是指一个人经历了失败和挫折后，面对问题时产生的无能为力的心理状态和行为。当一个人将不可控制的消极事件或失败结果归因于自身的智力、能力的时候，一种弥散的、无助的和抑郁的状态就会出现，自我评价就会降低，动机也减弱到最低水平，无助感也由此产生。

那么，孩子在什么情况可以进行自主学习呢？

在他们准备好的时候；在他们基本需求被满足的时候；在一个有充分支援的环境里互动学习的时候。

我们要做的就是帮助孩子突破学习的"舒适区"，进入"学习区"，避免"习得性无助"，避免低效能现象，这样他们就能产生自主学习的动力和能力。

"学习金字塔"理论告诉我们："多维的、互动式的学习＋实践"的模式才是最有效的。因此，我们需要更加关注学生的自主学习的方式。比如，与学生一起上网找相关图片、视频或书籍来做主题式的延伸学习；经常带学生去博物馆看一场相关的展览、去图书馆听一次专题讲座；还可以和学生一起动手做课堂PPT，然后让学生把内容演示和讲述给同学、家长听。这样的方式就是在体验中向外输出。

一般人眼中的学霸，就是分数高的孩子。但实际上，真正的学霸是拥有主动和高效学习能力的孩子，也就是我们常说的高分、高能、高主动性。

《学习的格局》作者——著名的教育专家黄静洁老师在她的书中介绍过全球顶级名校关注和实践的"体验式学习法"，非常值得我们借鉴。这种在行动中体验的学习模式，是自主学习的最佳模式。就是把处于"学习金字塔"最顶端的被动式听讲往金字塔底层的主动式学习迁移；而当孩子们到达金字塔最底层时，他们开始有能力向别人输出自己学习到的内容，这种高效学习方式亦被称为"向外输出"。

输出式学习方式有两个维度：文字输出和语言输出。黄静洁老师给了训练语言输出式学习的四个建议：

A. 和孩子一起阅读，养成互相讲故事的习惯。

B. 平时在学校营造轻松的谈话氛围，多和学生聊聊天，同时安排同学之间的活动，让学生给小伙伴讲题或者分享自己的学习心得。

C. 鼓励孩子在学校担任某个职务，比如某个科目的课代表，或者去参加一项课外活动，如演讲俱乐部、戏剧社等。

D. 积极参加校外社会实践活动，比如去博物馆当个小小讲解员，或者去报社做个小记者等。总之，让孩子去发现生活中可以为他人做贡献的事就对了。

作为教师，如果想要自己的学生学习发生真正的改变，就要不断成长、不断发展、不断超越，就必须成为终身的学习者，在开满鲜花的学习之途散步，才能进入一种内在的、生命的澄明之境。当我们想要学生成为巨人的时候，我们自己不能是矮人。我们要让自己具备成为学生学习与人生向导的能力，我们应该努力成为一位研究型的、专家型的教师。

154

第三节　提升学习效果的习惯

教育是什么？往简单方面说，只需一句话，就是要养成良好的习惯。

——叶圣陶

起初是我们培养学生养成好习惯，然后是好习惯成就学生。

学生的学习是从低阶学习向高阶学习不断攀升的过程。学生良好学习习惯培养的起步阶段一定要放慢脚步，不要急于求成，从可以迈出的幅度最小的、最简单的步伐开始。

帮助学生改掉坏习惯的关键是用更有建设性的习惯取代它们。如何让行为成为习惯呢？相信《无限可能》的作者吉姆·奎克的 WIN（胜利）法则会带给我们很多启示。

W 代表 Want（想要）：我们首先要确保学生的确想要养成这个习惯。如果学生压根儿就不想做这件事情，那么把它变成习惯就是无稽之谈。福格行为模型中列出的激励因素是否适用于学生想要养成的习惯？如果并不适用，有没有类似这个习惯的事情，可能会对学生产生类似的效果呢？

I 代表 Innate（内在）：学生想要养成的习惯与它的内在能力是否相符？切记，如果学生自始至终难以完成某件事情，那么把它转化为习惯也是"不可能完成的任务"；如果学生想要养成的习惯是他擅长的事情或是他清楚自己可以做好的事情，那么成功唾手可得。

N 代表 Now（现在）：为学生创建一个触发、鼓励他现在就开始养成新习惯的契机。

我一直坚持引领学生养成吉姆·奎克最喜欢的七个简单的习惯，取得了惊人的教育教学效果。这些行之有效的方法，不但帮助学生们养成了良好的学习习惯，而且引领学生进入了无限可能的境界。

习惯1：主动回忆

主动回忆是学生学习的一个重要过程。通过这个过程，学生回顾所学知识，立即检验记忆效果，确定记住了多少内容。每节课的中间和下课前，我都会停下来，留给学生主动回忆的时间，让他们复习刚刚所学的内容，接下来让他们合上书或者笔记，用自己喜欢的方式，写下或和同桌分享刚刚复习过的内容。最后让他们打开书或者笔记，再看一遍所学内容，看看自己记住多少。

这个阶段，我们一定要确保安排出足够的时间，让学生多次重复这个过程。

习惯2：间隔重复

填鸭式的突击学习有很多缺点，这会让学生陷入需要短时间内学习大量内容的境地，而且结果往往是他们根本无法记住这些内容。原因在于，这种学习和记忆方式与我们大脑的工作机理背道而驰。

如果我们能帮助学生换种方式学习，即每隔一段时间进行复习，把更多的注意力放在他们没有记住的信息上，这样就能最大限度地利用大脑的能力。这种学习方法被称为"间隔重复"。在线学习平台的首席执行官也赞同这种方法，"虽然间隔重复很简单，但是非常有效，因为它就像是刻意侵入你大脑之中的黑客。它强制学习变得高效。与肌肉一样，大脑通过加强神经细胞之间的联系对这种刺激做出反应。在复习之间留出间隔时间，每次你都可以进一步锻炼这些神经细胞之间的联系，这样可以产生持久的记忆。就我个人的经验来看，一旦人们开始在学习过程中使用间隔重复，他们就会爱上它、依赖它。"

习惯3：管理状态

无论做什么事情，所处的状态都决定了最终的成败。如果感觉良好，面对同样的事情，肯定会获得更好的结果。学生的状态越积极、思维越活跃，他们在处理事情的时候产生的结果就越好，在学习中亦是如此。

学习时候的姿势可以影响学生的思维状态。端正地坐好，可以使他们的注意力更加集中。这个坐姿还能调整呼吸，保证了大脑和身体的其他部位进行充足的氧气循环，让学生精神抖擞，毫无倦怠之意。

习惯 4：利用嗅觉

作为可以辅助记忆的工具，嗅觉极其重要，但是没有得到充分的利用。如果某种特殊的气味可以让我们回想起童年，那么另一种气味就可以用来加速我们的回忆。宾夕法尼亚州立大学医学院博士后研究员乔丹·盖恩斯·刘易斯在论文中写道："大脑解剖学很可能会为我们揭开答案。气味首先由嗅球处理，嗅球从鼻子的内部一直延伸到大脑的底部。嗅球与大脑中的两个区域有直接的联系，这两个区域与情绪和记忆密切相关，这两个区域就是杏仁核和海马体。非常有趣的是，视觉、听觉（声音）和触觉（触摸）信息并不会通过大脑的这两个区域。这可能就解释了为什么与其他感官相比，嗅觉更能触发情绪和记忆。"

习惯 5：为大脑播放音乐

大量研究表明，音乐与学习之间联系紧密。E.格伦·舍伦贝格博士提出的"唤醒——情绪假设"，发现了音乐与情绪之间的联系，以及情绪与学习之间的联系。他的研究表明，音乐为我们营造了可以提升学习能力的环境。

研究音乐与学习之间关系的专家克里斯·博伊德·布鲁尔认为："音乐稳定了精神、身体和情感的节奏，可以达到一种注意力高度集中、极度专注的状态。在这种状态下，你可以处理和学习相关的大量内容与信息。"巴洛克风格的音乐，如巴赫、亨德尔或泰勒曼创作的每分钟 50 ~ 80 拍的音乐，可以营造专注的氛围，引导学生进入深度集中的阿尔法脑波状态。以这类音乐作为背景音乐，学习词汇、记忆事实或进行阅读会变得非常高效。

习惯 6：用整个大脑去倾听

在学习过程中，听非常重要。我们清醒的时候，大部分时间都在用耳朵接收信息，但是大部分学生并不擅长通过听进行学习。

如果我们想帮助学生突破学习方面的极限，就必须加强学生听的技巧。

第一，让学生记住，说话者的话语、声调、肢体语言以及面部表情等都可以加深自己的理解，帮助他们获取更多的信息。只有当他们摒弃一切其他事情的时候，才能充分理解声调、肢体语言和面部表情的意义。

第二，能设身让学生与说话者产生共情，把自己放在说话人的位置上，试着让自己从对方的角度去感受，那么就可以从每次听的体验中收获更多的知识。

第三，请学生带着一种期待感参与到听的体验中。学习依赖于状态，如果对教师、同伴心生好感，从中学习到的内容就很容易会成为长期记忆。

第四，让学生一旦有机会与教师直接交流，就大胆去问。前提是必须仔细思考教师所说的内容，在脑海中用自己的话复述，想象自己正在把这些内容传授给他人。这样做可以巩固它们在自己脑海中的记忆。

习惯7：注意做笔记

做笔记的最大好处是，笔记可以根据学生惯用的语言和思维模式，定制自己需要记住的信息。在最佳的条件下，笔记可以大幅增加记忆留存的内容。此外，提升做笔记的能力也极具价值。在这里，我介绍一种有效提高学生对学习内容的理解和长期记忆的笔记法——康奈尔笔记法。

康奈尔笔记法不仅能让学生的笔记更加系统化，而且更有利于复习和自测，还能让学生在不知不觉中参与到知识的拓展学习和创造中，可以大大提高学生对学习内容的理解和长期记忆。学生可以买一本康奈尔笔记本，也可以用平常的笔记本自己画一本。方法很简单：先画一条横线，把一张纸分为上下两部分，上下比例大约是 3：1；再画一条竖线，把上面的部分一分为二，左右比例大约是 1：2。这样就把普通的笔记本分成了三个区，右上方叫作记录区，左上方叫作线索区，底部叫作总结区。

三步学会康奈尔笔记法

步骤一：在记录区快速记下要点

翻开笔记本，你会看到页面上最大的区域就是记录区了。在这里只需要用最精练的语言，把老师讲课的重点内容记录下来。要做到这一点，就需要学生上课前做好预习，这样才能跟上老师的讲课节奏。

注意：告诉学生不要逐字逐句地记录老师的话，也不要大段地摘抄课本，可以多用符号标注。

步骤二：在线索区归纳出关键词

在课间或者回到家里，学生可以抽时间重读一遍记录区的课堂笔记并归纳出相应的关键词，把它们写在线索区。

注意：这项工作要在课后的 48 小时内尽快进行，一方面趁着余留的记忆快速提炼内容提纲，另一方面也能加深对知识的二次吸收。这一步可以采用多种形式来辅助记忆，比如图表、图形、流程图、关键字等。这样在间隔练习和复习时，能够快速触发学生的记忆。这个过程，其实就是在搭建学生所学的知识和信息架构。

步骤三：在总结区用语言输出思考和疑问

总结区的内容一般是学生回到家，仔细复习笔记之后才做的。鼓励学生尽量用自己的话来描述，写出自己的想法、思考和疑问。这就相当于学生将课堂里听到的信息和知识进行一次梳理和内化，然后再用文字做一次语义的输出，由此来加深对课堂知识的理解和分析。也可以在总结区记录下自己不明白的地方，比如有哪些需要补充学习的，有哪些需要再提问老师的。任何由课堂内容引发的思路和思考，都可以记录在这里，成为拓展学习的一部分。

第四节 拥有记忆宝库的钥匙

记忆或许不受意志控制，或许会沉寂长眠，但只要施以恰当的影响并激活，哪怕这种影响像影子一样轻微，记忆都会立刻血肉成体，整装待发。

——约翰·缪尔

在学习过程中，智力与非智力因素相互影响，对学生成长与发展共同发挥着重要作用，其中，记忆力作为智力因素的重要组成部分，更是占据着至关重要的地位。在多年的教学实践中，我采取有效措施提升学生记忆力，按照科学的方法，对学生进行记忆训练，不但极大地提升了他们的学习能力，而且让他们拥有了"超能力"。

一、最佳用脑巧辨型

实际学习过程中，我们可能会有这样的体会：一道相同的题目，你在晚上做的时候可能绞尽脑汁也做不出来，而你将这道题目放到早上来做时，就可能很轻松地找到思路；老师要求背诵的古文，你背了一中午依然是模糊一片，可是在早上背的时候，却发现自己神清气爽，顺利背了下来。这是为什么呢？就是最佳用脑时间在起作用。

修炼锦囊1：利用四个最佳用脑时间。

我们一天当中有四个最佳用脑时间，如果学生利用得当，就可以轻松自如地掌握、消化、巩固知识。

（1）清晨，脑神经处于活跃状态，没有新的知识的干扰。此刻认知、记忆印象会很清晰，适合学习一些难记忆的东西，即使记不住，大声念上几遍，也会有助于记忆。这是记忆的第一个高效期。

（2）上午 8 点至 10 点，是第二个学习高效期。此刻是攻克难题的大好机会。

（3）第三个高效期是下午 6 点至 8 点，这是用脑的最佳时刻。利用这段时间复习、归纳整理是再好不过的了。这也是整理笔记的黄金时间。

（4）入睡前一小时是学习和记忆的第四个高效期。利用这段时间对一些难以记忆的东西加以复习，则不容易遗忘。

修炼锦囊 2：帮助学生分清用脑类型。

正如世界上没有两片完全相同的树叶一样，最佳用脑时间也因人而异，大致有三种类型：

（1）夜晚型（"猫头鹰型"）。

（2）清晨型（"百灵鸟型"）。

（3）混合型，绝大多数人属于这种类型。学习高效期在早上 9 点至下午 5 点。

帮助学生分清自己的用脑类型，选择适合的时间段进行学习，会取得事半功倍的学习效果。

二、大脑保鲜有奇术

要想提升学生的记忆力，从而提升其学习力，还要帮助学生对大脑进行保鲜，建立科学合理的生活方式。

修炼锦囊 1：合理膳食。

我经常告诉学生，他们正处于长身体的年龄，千万不能挑食、偏食，膳食要均衡。要多吃牛油果、蓝莓、西蓝花、黑巧克力、绿叶蔬菜等健脑食物，并且养成多喝水的习惯。

修炼锦囊 2：适度运动。

我告诉学生排除诸如容易忘东忘西、无法专注、紧张、焦虑、抑郁等各种困扰的方式是运动。运动能刺激脑干，提供能量、热情和动机，还能调节脑内神经递质，改变既定的自我概念，稳定情绪，增进学习力。而在所有运动项目中，最便捷有效的健脑运动是跳绳。

我总是和学生们说，课间休息时仍然待在教室里的"学霸"真的不值得提倡，这时候就该在能呼吸到新鲜空气的操场让身体动起来，这样更多新鲜血液才能携带着大量氧气通过大脑，给大脑丰富的滋养。

修炼锦囊3：保证睡眠。

睡眠则是健脑的另一剂药方，专家建议是一天起码保证七八个小时睡眠，"睡得好，大脑才会转得好"。睡眠有利于学生更好地进行日常学习，对于身体功能的恢复具有重要作用。学生正处在长身体的关键时期，所以家长、老师一定要督促学生保证充足的睡眠时间。

修炼锦囊4：欣赏美景。

心理学家早就发现，自然对于我们人类有许多神奇的作用，其中之一就是能够提高我们的记忆力。有人做了这样一个研究，让两组人完成同一个记忆任务，一组人在繁忙的大街上走一圈，一组人在植物园里走一圈，结果发现后者的记忆效果超过前者20%。

看来读万卷书，真的不如行万里路。所以每个假期，我都会建议家长领孩子游历祖国的名山大川。即使时间不允许，在校园周边、小区里走一走，都会产生神奇的效果。而且我建议家长将计算机、手机的桌面和屏保设置成风景，这将会有利于学生提高记忆力，缓解紧张情绪。

三、高效有趣记忆法

凡事有方法，处处有窍门，生活如此，记忆亦然。记忆没有极限，它像运动技能一样，可以通过训练提高。在这里，我要介绍两种高阶高效的记忆技巧，这对于学生学习上的帮助，绝对超乎你的想象。

1. 故事记忆法

如果你能将自己所想象的画面编入一个故事中，那么就可以在短时间内记住，并且很难忘记。

请你在30秒钟按顺序记住以下这10个词语：

消防栓、热气球、电池、桶、木板、钻石、骑士、公牛、牙膏、标识。

你表现得如何？大多数人只能回想起其中的少数几个词语。

现在，请你想象自己站在一个巨大的消防栓旁边，这是你见过的最大的消防栓。现在，把一束气球系在消防栓上。气球五颜六色，数量极多，甚至把消防栓拽离了地面，高高地飘到了空中。突然之间，这些气球碰到了一堆电池，瞬间发生了爆炸。这些电池是装在许多大桶里被发射到空中的，而这些大桶是被像跷跷板一样的木板抛到空中的。弹出大桶的木板是架在一颗巨大无比的钻石上的，那颗钻石硕大无比，闪闪发光。突然，一个身穿银盔白甲的骑士拿起钻石，逃之夭夭。然而没逃出多久，他便被一只公牛拦住了去路。想要通过，唯一的办法就是用牙膏给公牛刷牙。公牛移到一边，露出了身后巨大的霓虹灯标识牌，上面写着"恭喜你"，然后就发生了爆炸。

现在给自己一些时间，闭上眼睛，回顾这个小故事，当然，你还可以讲出这个故事。完成之后，再看看你记住了几个词语。是不是感到不可思议，你竟然都记住了，甚至都可以倒背如流。

2. 神奇的"记忆宫殿"

记忆宫殿的核心原则，就是将我们所记忆的信息，通过在脑海中构建一个虚拟场景的方式，分门别类地储存起来，创造一个个"记忆储物间"。这样，在我们需要回忆时，就能够通过联想在第一时间找到我们想要的信息。

按照记忆宫殿的定义，我们首先需要建造一个自己的宫殿，宫殿里要有很多不同的物品，把这些不同的物品按一定顺序进行编号，接着要把需要记忆的多个词语放到宫殿里对应的点上，然后将文字转化为图片，最后把图片与宫殿进行联结。

那么该如何建造属于自己的"记忆宫殿"呢？

比如，从我家入户门到地下室共有 10 个位点，分别是：入户门口左手边的鞋柜，我们记为"记忆柱（1）"；右手边的镜子，我们记为"记忆柱（2）"；前边是玄关，我们记为"记忆柱（3）"；右转进入餐厅，这时右手边是厨房的门，我们记为"记忆柱（4）"；左手边是通往地下式的楼梯，我们记为"记忆柱（5）"；楼梯的转角墙壁上是一盏灯，我们记为"记忆柱（6）"；下到地下室，左手边是一扇门，我们记为"记忆柱（7）"；正前方是一个写字桌，我们记为"记忆柱（8）"；写字桌的前面是一把椅子，我们记为"记忆柱（9）"；椅子后面墙壁上挂着一把小提琴，我们记为"记忆柱（10）"。

我们来看看下午要去超市购买哪些东西吧：鞋子（1）躺在左手边的鞋柜上；鸡蛋（2）汁溅到了右手边的镜子上；金鱼（3）跑到了玄关上；一只鸡（4）正大摇大摆地走进厨房门；楼梯旁长着生菜（5）；牙膏（6）从楼梯转角墙壁上的灯里喷射出来；一本书（7）从地下室左手边的那扇门里跑了出来；写字桌上摆着一瓶香水（8）；玩偶（9）正在写字桌前面的椅子上冲我微笑；黄油（10）正在小提琴的琴弦上闪耀。

我非常熟悉这条路径和这 10 个记忆柱，这样一来，我所要做的就是把我所需记忆的事物，如词语、购物清单或某些杂事等与这 10 个记忆柱相结合。

实际上，这些画面几乎没有花多少时间就可以在我的脑海中留下印象。记忆起来如此简单，我再也不需要麻烦地写出购物清单，有时候这张购物清单还会被遗忘在家里或者在车里。

如果所需记忆的事物多于 10 项怎么办？很简单，去创建更多的"记忆路径"。

第三章
让阅读真实发生

阅读能力是任何学习的基础，因为每一门学问都从阅读书籍开始。我们的孩子至今还有很多人由于阅读能力弱，导致产生学习的困扰。以今日学校的教育方法，要培养孩子快乐地阅读教科书的阅读能力是不可能的，唯有在幼儿期就培养孩子的阅读能力，才能真正解决上面的问题。

——[日]石井勋

有些人根本没有机会培养阅读习惯——他们以后会遭遇到读写的困难，且困难之高，将难以应付今日世界的需求。——[美]史蒂芬·克拉克

听说读写要从最小年龄起得到发展，不仅能对幼儿语言发展起促进作用，而且还有助于儿童智力、创造思维的发展。

——[法]教育与心理学院院长科思

第三章

阅读真实发生

　　读书与学习能力有着密切的关系，越是喜欢读书的孩子，其学习能力越强。阅读能力是学习的基础。若把孩子本来所具备的能力放任不管，则其能力就无法被开发出来，这样的孩子非常可怜，而双亲也犯下很大错误。

——[日]七田真

　　苏霍姆林斯基在《怎样培养真正的人》中这样写道：我认为一个非常重要的教育任务，就在于使读书成为每个孩子的最强烈、精神上不可压抑的愿望。学生学习越感到困难，脑力劳动中遇到的困难越多，就越需要阅读。只有多阅读，才能进入"眼前直下三千字，胸中全无一点尘"的澄明之境。教师应该引领学生学会用一颗安静的心和文字交流，用一颗纯净的心与作者沟通，这样学生才会拥有一双不平庸的眼睛，一种不平凡的气质，他们的人生才会多一份雅致和凝重，少一份苍白和飘浮；多一份精练和轻灵，少一份芜杂和笨拙。读书会给孩子们一个文化的根，一个快乐的童年。

第一节　巧妙共读，实现三位一体共赢

　　阅读能力是一切学习的基础，每一门学问都从阅读开始。在我国，阅读一直是小学语文教学中的一项重要内容，但是传统的阅读方式并没有很好地激发出学生读书的热情。

　　多年来，为了培养学生的阅读兴趣，我坚持采用师生共读、亲子共读的方式，让学生喜欢阅读、快乐阅读、有效阅读。教师和家长在共读过程中，为学生树立榜样，用榜样的力量去影响学生，激发学生的阅读兴趣，引导学生在阅读中思考，在阅读中感受语言的美妙，体会文章的内涵，揣摩作者布局谋篇的方法，让学生在阅读中不断提高阅读技巧和阅读兴趣，帮助其心智的成长，提高语文素养，丰富自身底蕴。

　　《义务教育语文课程标准（2011 年版）》规定，小学阶段的阅读总量应在 145 万字以上。这样的阅读任务，单凭学校内的阅读时间是远远不能实现的。因此，适当增加课外阅读是必不可少的。遗憾的是，目前小学生的课外阅读却面临着诸多困难，学生缺乏课外阅读兴趣，教师对学生的课外阅读缺乏检查力度，学生的阅读能力难以提高。基于此种情况，我认为，可以采取师生共读、亲子共读来解决这一问题。师生共读、亲子共读，符合现代教育理念中所倡导的大阅读观，能够使学生在自我阅读的过程中学会学习，养成终身学习的能力，更有效地实现三位一体的共赢。

一、师生共读，心心相印

　　新教育实验发起人朱永新先生曾说："一个人的精神发育史实质上就是一个人的阅读史；一个民族的精神境界，在很大程度上取决于全民族的阅读水平。"由此可见，阅读不仅对学生个体意义匪浅，对于一个国家、一个民族都举足轻重。

单从学生学习角度来看，阅读能力不仅关乎学生语文学科的学习，也是学生其他学科学习的重要基础。"师生共读"是新教育理念下对语文教学的一种革新，是提高学生课外阅读量的有效方式，符合素质教育中新型"学生观""教学观"的要求，对于提高学生的阅读积极性，激发学生的读书热情具有重大意义。

（一）选择适合师生共读的内容

由于小学生的年龄普遍较小，好奇心较强，因此在师生共读的时候必须选择适合小学生的内容。但我们需要注意的是，学生喜爱的书不一定适合师生共读，师生共读要选择那些优秀的文学作品。

作为教师，我们必须明确的是，师生共读的内容不能过于深奥，这样会打击学生阅读的自信心，也会扼杀小学生早期阅读的兴趣。多年来，我根据不同学段学生的所需知识和心理需要，选择不同的师生共读书目。比如，低年级的时候选择绘本读物；中年级的时候选择《昆虫记》《夏洛的网》《爱丽丝梦游仙境》等书籍；高年级的时候选择《假如给我三天光明》《名人传》等书籍。这样的师生共读内容安排可以满足不同学段学生的阅读需要，让学生在阅读这些书籍的过程中不断提高阅读技巧和阅读兴趣，帮助其心智的成长。

（二）科学安排师生共读的时间

有了适合的阅读内容，我们还要保证师生共读的时间。我认为师生共读的时间可以在课堂内，也可以在课堂外。

1. 美好清晨，与书相约

每个清晨，我都会早早地来到班级，放上一首优美的轻音乐，孩子们陆续来到教室，放下书包，便悄悄地到班级图书角选择一本自己喜欢的书，开始了安静的、美美的清晨阅读之旅。他们不时地标记优美词句，时而会心一笑，时而与同学小声交流分享……这样的读书氛围是我班的常态生活。孩子们会写下读书积累卡片，读书笔记等。

2. 快乐中午，与书相伴

每天中午，我都会抽出至少20分钟的时间，轮流与学生就其正在读的书进行交流，这时会有师生思想的交流，会有共读的快乐分享……这20分钟，就是我们师生共读的美好时间，师生可以共同享受读书的快乐。

3. 课堂学习，与书同行

我在课堂教学中也不失时机地为学生提供师生共读的机会。比如我在执教《和小鸟最相亲爱》这篇课文的时候，为了更好地让学生了解冰心的语言风格，就与学生共读了冰心的《繁星·春水》；执教《猴王出世》的时候，我与学生共读了《西游记》的精彩章节和片段；在执教《秋天的怀念》的时候，我与学生共读了史铁生的《我与地坛》《病隙碎笔》等作品。

4. 课余生活，与书共舞

我每天都尽量少给学生布置书面作业，取而代之的是让学生回家后至少阅读20分钟的书，并做适量的读书笔记。我也把自己的读书笔记、读书心得和学生分享，给学生树立良好的榜样，学生会被我的热情所感染，对阅读产生更浓厚的兴趣。

（三）选择适合师生共读的方法

师生共读的方法可以是多种多样的，但是必须遵循的一个宗旨就是，要有效激发学生的阅读兴趣。我认为师生共读的最高境界应该是随性而为，在无形中实现师生共读。

1. 图书交换，心灵共振

我们班的读书活动是多种多样的，最让孩子们欣喜的便是交换一本心爱的书（跳蚤市场），探索一番新"领地"。他们会手持一本书，以最舒适的姿态、最柔美的目光，畅游"悦读书海"。蓦然抬头，阳光依然微笑着轻轻泼洒，他们轻轻抚摸着书本上那一个个小蝌蚪，与一个个美妙的文字小精灵共舞……

2. 读书漂流，思想交锋

我们的身体在原地，思想却可以寻遍八千里路云和月，用知识的力量感染你我。我不但鼓励孩子们爱阅读，还鼓励他们多思、多想，将自己的观点、看法、理解与大家分享，分享自己与书的故事，品鉴书籍、阐述观点……感受思想的交流与火花。我们班学生经常进行读书漂流活动，如果哪位学生读书漂流过的书籍同学们借阅的次数最多，他就会被评为"读书漂流小达人"。

3. 以读养性，产生磁力

师生共读一本书并不是什么难事，难的是要将师生共读活动持续有效地开展下去。教师要培养学生静心阅读的意志，这样才能产生强大的"阅读磁力"。

（1）把握全景，归纳信息

教师要想让学生深入地了解著作的特点，观照人物的命运，就应该让学生通读全书，在阅读中不断地提取有价值的信息，对篇章进行归纳总结。这样能使阅读更加紧凑，不容易忘掉重要的情节，学生读完一部作品后，也会形成一个总体的认识，提取、归纳信息的能力也会提高，对学生以后查阅资料、搜集信息十分有利。

（2）潜心领悟，辨识真味

教师在指导学生阅读时，应列出书中的一些重要话题，让学生带着话题进行阅读。如阅读《鲁滨孙漂流记》时，可以让学生画出鲁滨孙漂流的简图，鲁滨孙依次漂流过哪些地方？待了几年？干了些什么？用条细线代表跋涉过的路，用圈圈点点代表经过的地点、经历过的事。让学生带着这些问题阅读，不仅能梳理情节、熟悉故事，而且能走近人物、走近作者，体味作品的本真。

（3）阅读治疗，思想启迪

学生阅读故事，往往会在不知不觉中把自己融入作品，把自己当成故事中的主角。教师可以有意选取一些以成长为主题的作品和学生共读，让学生与主人公一起经历成长的波折，进行"阅读治疗"。

二、亲子共读，情情相融

小学生阅读能力的培养，不仅是学校的责任，家庭也起着举足轻重的作用。培养学生良好的生活和学习习惯，家长有着义不容辞的责任。家长要通过多种方式鼓励孩子独立阅读，而亲子共读正是培养孩子独立阅读能力的良好方式之一。

（一）亲子共读的概念

亲子共读，亦称亲子阅读，是一种家长陪同孩子进行的一种阅读。家长在陪伴孩子阅读或者共同阅读的过程中，对孩子进行一定程度上的帮助和指导，让孩子在这个过程中积极地与家长交流，勇敢地说出自己的想法，从而有助于家长和孩子之间形成良好的沟通桥梁。不断地磨合、交流，既有助于孩子青春期及以后的独立阅读能力的形成，也有助于家长和孩子之间凡事都可以进行沟通，不会导致较大的分歧的产生，影响家长和孩子之间的良好关系。

（二）亲子阅读的重要性

亲子阅读是有意识、有目的、更积极的对话形式，亲子阅读能够使孩子的情绪发展稳定，让他们感到外部环境的安全，同时带来心灵上的安全。亲子阅读是在任何公共场所中的阅读都无法替代的，在父母参与阅读的情况下，孩子不仅能得到阅读能力的培养，更重要的是，父母和孩子在阅读中建立的情感交流，是孩子成长中最需要的营养成分。任何人也代替不了父母所能给予孩子的这种爱，而正是这种爱让孩子在人生的最初，感受到了阅读带来的幸福，并让他一生爱书。而在他长大后，他又会将这种愉快的体验带给自己的孩子。

亲子阅读使父母亲与孩子情感沟通，那种妙不可言的心灵对白，使孩子的情绪健全而稳定。母亲爱抚和温和的眼神，亲切、柔和的语言，对孩子人格性情的良好发育极有助益。

亲子阅读是一件很快乐的事情，这欢喜会深植在孩子的心里，即便大人淡忘了，孩子们却不会。

亲子阅读的目的，不是识字，不是背书，不是教给孩子道理，只是希望孩子能爱上阅读。一个爱阅读的孩子，是有心灵感知力并愿意与人分享的。

（三）家长在亲子共读中的重要性

1. 家长是支持者

家长要在物质和精神上积极地支持孩子进行阅读，激发孩子的阅读兴趣。

2. 家长是引导者

家长要尽可能地满足孩子的要求，比如讲一个故事等。通过家长声情并茂地讲述，使孩子充分地感受阅读的乐趣。

3. 家长是参与者

家长在亲子共读的过程中扮演好讲故事和听故事的角色。家长和孩子共同参与其中，使故事情节跌宕起伏。

培养阅读能力也是从培养兴趣开始的，而培养兴趣需要家庭的积极配合。亲子共读就是在家庭中培养学生阅读能力最主要的手段之一。

（四）目前亲子共读的开展存在的问题

通过一系列的调查问卷和访谈，对资料整理后发现，影响亲子共读的因素有以下三个方面：

1. 家长对亲子共读的态度

家长的态度直接决定亲子共读活动的开展，当然，这与家长的学历和知识水平相关。学历和知识水平比较高的家长，相对比较重视幼儿阅读能力的培养，即使他们工作再忙，也会抽时间和孩子进行亲子共读。而知识水平和学历较低的家长，即使有充足的时间陪伴孩子，也很难做到充分的亲子共读。他们认为孩子这么小的年龄应该纯粹地玩耍，或让孩子通过看电视认识外界，诸如激发孩子阅读兴趣、培养孩子阅读能力这种应交给幼儿园。

2. 亲子共读环境的创设

在家庭亲子共读的环境创设方面，家长基本都能做到为孩子提供阅读的空间，只是条件有所区别。重视亲子共读的家庭给孩子创设的环境更为温馨和舒适，适合或更能吸引孩子进入此环境中来。再者，孩子阅读书目也有区别。重视亲子共读的家庭为孩子提供的书籍内容丰富，形式多样，可供不同年龄段的孩子选择阅读；而不重视亲子共读的家庭为孩子准备的书籍数量极少，内容单一。

3. 亲子共读的指导策略

对于在家庭中的亲子共读，学历和知识水平较低的家庭对亲子共读的方式较为迷茫，不知该如何正确引导孩子进行阅读；学历中等和较高的家长在亲子共读的过程中做得比较好，但他们也认为在亲子共读的过程中，需要有专业的、科学的方法来指导，以便有效地进行亲子共读。

（五）有效亲子共读的途径探究

1. 温馨环境，美好天地

温馨且充满书籍的家庭环境对于孩子的主动阅读有着特别的吸引力。在家里为孩子开辟一块舒适惬意而又充满童趣的阅读空间，光线充足，安静而又舒适，可以在客厅，也可以在儿童房内。再布置一个小书架，方便孩子取放书籍，书籍的摆放要整齐有序，并引导孩子要轻拿轻放，不随意乱扔，不撕扯书籍，读过的书籍及时放回书架，养成爱护书籍的好习惯。

为孩子精心打造一个可以静心阅读的天地，一个舒适且适合阅读的阅读环境，是非常有必要的。

2. 精心选择，有效保障

有了一个适合读书的环境，还要有能激发阅读兴趣的书籍。家长帮助孩子一起选书，对书籍的内容和形式进行把关，并针对孩子的不同阶段，引导其选择适合的相应阶段的书籍。同时保证家里书籍的类型和数量，及时保障孩子书籍的更换。例如，较低年级的小学生以绘本故事为主，较高年级的学生逐步以文学名著、科普读物等类型为主。

除给孩子准备丰富多样的绘本、语言丰富的经典童话故事类图书、引导幼儿情绪情感发展的图书外，还可以给孩子准备一些益智类的图书，这样在阅读的同时可以促进孩子的动手能力、想象能力和思维能力的提升。作为家长还可以经常带孩子去书店读书和选择孩子喜欢的书，也可以去图书馆阅读和借阅图书。

3. 充分陪伴，树立榜样

在孩子早期的成长过程中，父母扮演着十分重要的启蒙老师的角色。由于孩子的心智发展尚未成熟，许多事情还需要家长的引导和陪伴，阅读也不例外。

首先，父母要为孩子树立良好的榜样。苏霍姆林斯基指出："所有那些有教养、品行端正、值得信赖的年轻人，他们大多出自对书籍有着热忱的爱心的家庭。"托尔斯泰曾说："全部的教育，或者说千分之九百九十九的教育都归结到榜样上，归结到父母的端正和完善上。"父母要有良好的阅读习惯，尤其是在孩子面前。

其次，父母必须有一人能有时间充分地陪伴孩子进行亲子阅读，可以是每日的睡前故事，也可以选择饭前或饭后进行亲子共读，也可以在每日的其他时间开展。在亲子共读的过程中，使孩子建立安全的依恋和亲密的亲子关系。

4. 时间规划，持之以恒

对每日的阅读时间进行规划，这有利于后面的坚持。每天固定的阅读时间，能够帮助孩子形成一种稳定的阅读习惯。家长要以身作则，每天在固定的时间进行阅读，给孩子树立良好的榜样，这样既有利于激发孩子的阅读兴趣，又有利于激励孩子坚持阅读下去，养成良好的阅读习惯，进而有效地培养他们的阅读能力。

5. 方式新颖，激发兴趣

我们班每晚在校内外平台进行的"有书共读"活动，"快乐作文快乐三年级"的主持人林依参与指导，致力于打造一个高品位领读平台。活动有父母参与亲子共读环节，每天有领读小达人领读，每位领读的同学还根据所读内容提出 2~3 个问题。领读的同学和参与评论及答题的同学也会收到我发给他们的奖励。"有书共读活动"深受家长和孩子们的喜爱，也极大地激发了孩子们读书的兴趣。

6. 以读养性，内化行为

（1）提取讯息，孩子自说故事

让孩子自己说故事，可说是好处多多。不但可以让孩子轻松掌握故事的情节，也借此培养了孩子的口语表达能力、声音变化能力，更让孩子在不知不觉中爱上阅读，感受书所带来的神奇魅力。

（2）推论讯息：串联故事文体

首先是故事的框架。故事文体通常包括故事背景、人物、情节／事件、问题／冲突、问题的解决、主题思想几大要素，这些也是构成故事整体框架的要素。

故事背景指的是故事发生的时间和地点，不管是具体的某时某地还是"有一天"，好的故事都有它的背景。

故事情节即事件的串接，是对孩子比较挑战的部分。常见问题就是，理不清若干事件间前后顺序和关系，所以关键是引导孩子厘清各个事件发生的先后，然后借用连接词表述或承接或转折等关系。

情节发展的最高潮就是故事中的事件冲突，随后便是问题的解决方案，构成一个完整的故事。通常孩子讲述到此便以为故事讲完，容易忘记故事的主题思想，这时应该鼓励孩子表达自己对主题思想的理解和看法，而不是简单地转述故事的主题思想。

（3）诠释整合：建构自我观点

孩子在阅读的时候需要学会联系，联系的维度很多：有和自己联系、和书本联系、和世界联系，然而，最简单和自然的联系方式就是与孩子的自我经历联系起来。当孩子们在书本和自我生活联系起来的时候，他们会和书本中的人物产生共鸣，对书本产生浓厚的兴趣。而且一旦产生个人联系的时候，记忆故事更容易。久而久之，便养成联系的习惯，并会产生对于外面世界的联系。

家长与孩子一起阅读的时候，可以先示范一下，准备一些便利贴，在阅读的过程中将与自己经历类似或相关的句子写在便利贴上，然后鼓励孩子同样将与故事情节相关的生活经历写下来，贴在每页上。如此，孩子对于阅读故事会越来越有兴趣，在追读故事情节中去建构和联系自我的经历，而且这种方式是亲子活动和建立亲子感情的最佳途径。因为有时家长的经历和孩子的经历会相似和重叠，这样的共鸣是多重的，不仅在孩子和书本间，还常常发生在家长和孩子间。在此基础上，当阅读完这个故事后，家长可以让孩子将便利贴集中在"故事联系图"上，同时迁移和思考对于他自己生活的影响，从而促进孩子深入思考以及想象力。

（4）比较评估：培养批判思考

首先要分清事实和观点。需要孩子通过摆事实、讲道理的方式来说服别人。在这个过程中，孩子首先需要大量收集资料，分析并判断信息来源的正确性，然后整合有用信息作为论据，并条理清晰地阐述自己的观点。

其次是通过提问启发更深层次的思考。家长要引领孩子学会在纷繁的内容中筛选有用信息，并针对阅读提出一些深层次的问题，而不是简单地复述故事或者对书本知识进行提问。这会引导孩子学会更有深度地观察和帮助培养独立思考能力。

最后是学习反思的能力。在阅读中，家长要提供一个很好的互相学习的机会，孩子不仅可以发表自己的观点和意见，还能够听取家长的观点。要求孩子的看法或观点必须是有理有据的，讲究论证依据，这个过程同时也锻炼了孩子的辩论能力和演讲能力。通过讨论和交流，孩子能够对自己的各种论点论据进行反思和改进。

培养批判思考能力不是一日之事，需要耐心和正确的方法。对于家长和学校教育者来说，从小培养孩子的批判性思维，将使他们在今后的学习生涯，乃至整个人生都受益无穷。

多年来，为了培养学生的阅读兴趣，我一直坚持用师生共读、亲子共读的方式，让学生喜欢阅读、快乐阅读、有效阅读，让学生、家长、教师一起在书海中散步、奔跑、激荡、跳跃，一起享受阅读的甜蜜、芬芳。通过师生共读、亲子共读的方式，教师、家长为学生树立榜样，用榜样的力量去影响学生，激发学生的阅读兴趣，引导学生在阅读中思考，在阅读中感受语言的美妙，体会文章的内涵，揣摩作者布局谋篇的方法。让学生在阅读这些书籍的过程中不断提高阅读技巧和阅读兴趣，帮助其心智的成长，提高语文素养，在学生的心底撒下幸福的种子。在充满书香的蓝天下，教师、家长与学生一同前行，一路寻芳，更好地实现了三位一体共赢。

第二节　日日精进，系列化名著共读

有些书只需浅尝即可，但有些书应当细嚼慢咽。

苏霍姆林斯基曾经说过："要教育学生不仅要多读书，而且对某些书要反复地读。"

在实际教学中，老师们也常常发现，有的孩子手不释卷，可是，在考试中，阅读的答案常常半对半错，考试分数总被无情地扣掉了。有些孩子考完交卷后，回家喜笑颜开，一拿到卷子，就目瞪口呆、垂头丧气的。

那么，怎么让孩子既产生浓厚的阅读兴趣，又能在阅读中提升阅读能力呢？经过多年的实践研究，除前面谈到的"巧妙共读，实现三位一体共赢"的方法外，我在所教班级开展了以提升学生语文素养和人文素养为目的的深层次"日日精进，系列化名著共读"活动，"让孩子阅读回归经典"。一个以经典阅读为基础的阅读，才可能是一个理想的阅读。

选取贴近学生阅读实际的经典名著，让孩子先自己读，然后和家长、小伙伴或老师交流下发的"每日共读交流单"中的内容，不在意孩子答案是否正确，主要关注学生在交流中是否学会了思考，是否在阅读中成长。

不急功近利，相信坚持的力量。就这样，在日复一日的坚持下，在一本接一本的经典共读中，不经意间，这些名著温暖了孩子们的心灵，拨动了他们心中最柔软的琴弦，孩子们的阅读兴趣越来越浓厚了，思考越来越有深度了，语文素养越来越高了。

日日精进，系列化名著共读（一）

——《长袜子皮皮》师生共读

第一周第1日：

请用心读第一章：皮皮搬进维拉·维洛古拉

1. 《长袜子皮皮》的作者是（   ）。

    A. 阿斯特丽德·林格伦   B. 冰心

    C. 张天翼   D. 金波

2. 皮皮的房子名字叫什么？（   ）

    A. 茅草屋   B. 城堡

    C. 维拉·维洛古拉   D. 玻璃房

3. 皮皮（   ）开始一个人生活？

    A.8 岁   B.9 岁   C.10 岁   D.11 岁

4. 皮皮的爸爸原来是（   ）。

    A. 厨师   B. 船长   C. 教师   D. 工人

5. 皮皮称她养的猴子为（   ）。

    A. 尼尔松先生   B. 小猴

    C. 大圣   D. 美猴王

6. 皮皮给你留下了怎样的印象？

第一周第2日：

请用心读第二章：皮皮捡破烂并和别人打架

1. 皮皮打败本特等五个小男孩，解救（   ）。

    A. 维勒   B. 杜米   C. 阿妮卡   D. 莫莫

2. 皮皮认为捡破烂最好从（   ）开始捡起？

3. 皮皮捡了哪些破烂？

4. 皮皮为什么打架？

5. 读了本章，你认为皮皮是个怎样的孩子？

第一周第3日：
请用心读第三章：皮皮和警察玩拍人游戏

1. 皮皮和警察玩（　　　）游戏。

    A. 老鹰捉小鸡　　　　　　B. 捉迷藏

    C. 拍人　　　　　　　　　D. 警察抓小偷

2. 小镇上的居民一致决定，把皮皮尽快送到（　　　）去。

    A. 儿童乐园　　B. 儿童天地　　C. 儿童世界　　D. 儿童之家

3. 皮皮说自己最喜欢警察，其次是（　　　）？

    A. 兔子　　　　　　　　　B. 破烂

    C. 大黄叶梗土豆酱　　　　D. 木须柿子

4. 警察认为皮皮需要上儿童之家的理由是什么？

5. 请谈一谈获取知识的途径有哪些？

第一周第4日：
请用心读第四章：皮皮上学了

1. 皮皮上学了，女教师首先考核皮皮的（　　　）知识。

    A. 美术　　　　B. 算术　　　　C. 唱歌　　　　D. 语法

2. 皮皮认为太不公平的原因是（　　　）。

    A. 她没有上学的机会

    B. 警察不让她上学

    C. 她没有假期

3. 皮皮（　　　）去的学校。

    A. 步行　　　　B. 乘车　　　　C. 骑马

4. 老师为什么认为皮皮不能上学？

5. 皮皮为什么认为孩子们应该去阿根廷的学校上学？

第一周第5日：

请用心读第五章：皮皮坐在大门上和爬树

1. 皮皮在（　　　）看见大耳朵的人。

　　A. 美国　　　　B. 英国　　　　C. 中国　　　　D. 日本

2. 那个大耳朵人叫（　　　）。

　　A. 上海　　　　B. 海上　　　　C. 彼得

3. 杜米觉得可以把（　　　）当作隐蔽室。

4. 皮皮为什么认为人真容易受骗？

5. 你认为这一章节哪个地方写得有趣？

第二周第1日：

请用心读第六章：皮皮组织一次野游

1. 皮皮左脚上的刷子把（　　　）打掉了一块。

　　A. 玻璃　　　　B. 屋顶上的吊灯　　　　C. 穿衣镜　　　　D. 木偶

2. 皮皮练飞的结果是（　　　）。

　　A. 飞向空中　　B. 掉在地上　　　　C. 停在空中

3. 皮皮野游时带的篮子里有（　　　）。

4. 皮皮最终在（　　　）找到了尼尔松先生。

5. 皮皮组织的这次野游过程中发生了哪些事？

第二周第2日：

请用心读第七章：皮皮看马戏

1. 皮皮看马戏想买的是（　　　），最终买的是（　　　）。

　　A. 一等票　　　　　B. 二等票　　　　　C. 三等票

2. 皮皮弯腰把一匹马的前腿抬起来是要（　　　）。

    A. 向马致敬

    B. 转达自己对马的问候

    C. 帮马拔钉子

3. 当卡曼西塔小姐站在马背上表演时，皮皮做了什么？

4. 爱尔维拉小姐表演的节目是（　　　）。

5. 皮皮要和大力士（　　　）较量一下，结果（　　　）获胜了。

第二周第 3 日：
请用心读第八章：皮皮接待小偷拜访

1. 皮皮虽然算术差，但有时也想把钱数一数，是想（　　　）。

2. 两个流浪汉是（　　　）和（　　　）。

3. 皮皮把牛奶倒进了（　　　）。

4. 两个流浪汉离开时，皮皮送给他们每人（　　　），并告诉他们这是（　　　）。

5. 皮皮是怎样接待小偷的拜访的？

第二周第 4 日：
请用心读第九章：皮皮过生日

1. 杜米和阿妮卡在自己的信箱里收到了皮皮的（　　　）。

    A. 礼物　　　　B. 生日请帖　　C. 电影票

2. 皮皮的生日宴会在（　　　）举行的。

    A. 厨房　　　　B. 卧室　　　　C. 阁楼

3. 杜米和阿妮卡送给皮皮的礼物是（　　　）。

4. 杜米和阿妮卡分别得到皮皮送的礼物是（　　　）和（　　　）。

5. "不能沾地板"的游戏是怎样的？

第二周第5日：

请用心读第十章：皮皮去商店买东西

1. 阿妮卡捏皮皮的大脚趾头，让皮皮误以为是爸爸在查看她的脚是不是长了（　　）。

2. 皮皮买东西前找到了帽子没有？（　　）

　　A. 找到了　　　　　　　B. 没找到

3. 皮皮喜欢自己脸上的雀斑吗？（　　）

　　A. 喜欢　　　　　　　　B. 不喜欢

4. 皮皮在商店里买了什么？

5. 皮皮是怎么惹怒药店的药剂师的？

第三周第1日：

请用心读第十一章：皮皮玩海上遇险

1. 为什么皮皮说院子里的橡树是一棵非常奇特的树？

2. 下雨天，皮皮她们待在家里有意思吗？（　　）

　　A. 有　　　　　B. 没有

3. 遇到海上风暴的时候，（　　）使皮皮感到不舒服？

　　A. 果汁汤里的葡萄干被吹跑

　　B. 厨师的假牙被吹跑

　　C. 猫被吹得只剩一层皮

4. 空罐头盒有什么作用？

5. 发现船不见了，皮皮她们做了什么？

第三周第2日：

请用心读第十二章：皮皮接受一次难忘的访问

1. 皮皮认为（　　）岁是她最美好的日子。

　　A.9　　　　　　B.10　　　　　　C.11

2. 皮皮的爸爸是怎样成为国王的？（　　　）

　　A. 打败了原来的国王

　　B. 继承了王位

　　C. 赤手空拳地折断了一棵棕榈树

3. 埃弗拉伊姆国王跳了（　　　）舞？

4. 皮皮和爸爸的关系如何？你是怎么知道的？

5. 本章哪里写得最吸引你？

第三周第3日：
请用心读第十三章：皮皮举行告别宴会

1.（　　　）消息像长了翅膀一样，很快在小镇的孩子们中间传开了。

2. 皮皮举行告别宴会的那个夜晚，人们情不自禁地说：（　　　）。

3. 宴会最后放了（　　　）。

4. 告别宴会上进行了（　　　）游戏。

5. 阿妮卡为什么会觉得有一只冰冷的手放在她心上？

第三周第4日：
请用心读第十四章：皮皮去航海

1. 见皮皮要离开了，阿妮卡靠在码头上的（　　　）哭了起来。

2. 镇上的孩子（　　　）为皮皮送行。

3. 皮皮为什么决定不走了？

4. 离别前船长想起了一件什么事？

5. 杜米听说皮皮不走了，唱起了（　　　）。

第三周第5日：
请用心读第十五章：皮皮寻找斯彭克

1. 皮皮找到的最好的一个词是（　　　）。

2. 皮皮为了寻找斯彭克都去了哪里？

3. 皮皮觉得（　）是一只斯彭克。

4. 皮皮为什么认为自己得了斯彭克？

5. 你觉得皮皮是个怎样的孩子？

第四周第1日：
请用心读第十六章：皮皮组织问答比赛

1. 皮皮坚决地说，只有（　　　）的时候，她才肯迈进学校的大门。

2. 为什么小镇上的孩子都怕卢森布鲁姆小姐？

3. 测试后，卢森布鲁姆小姐是怎样评价皮皮的？

4. 皮皮给了反省队的孩子们什么礼物？

5. 皮皮组织的问答比赛时提出了什么问题？

第四周第2日：
请用心读第十七章：皮皮赴咖啡宴

1. 皮皮去赴宴时是怎样打扮的？

2. 皮皮是怎样吃蛋糕的？

3. 赛德尔格伦夫人为什么让孩子们立即到儿童卧室去？

4. 皮皮为什么眼泪汪汪了？

5. 你怎么评价这次咖啡宴？

第四周第 3 日：

请用心读第十八章：皮皮接到一封信

1. 杜米和阿妮卡得了（　　），要在床上躺一两个礼拜。

2. 在杜米和阿妮卡生病期间，皮皮是怎样做的？

3. 皮皮为什么建议杜米和阿妮卡到海上住一段时间？

4. 皮皮接到了一封怎样的来信？

5. 你猜测一下接下来会发生什么事情？

第四周第 4 日：

请用心读第十九章：皮皮再次去航海

1. 一个美丽的早晨，（　　　　）号驶进了海港。

2. 皮皮和爸爸见面非常高兴，摄影师为什么不高兴？

3. 杜米和阿妮卡为什么高兴得尖叫起来？

4. 在（　　　），杜米和阿妮卡第一次离开了他们生活的小镇？

5. 你猜测一下接下来会发生什么事情？

第四周第 5 日：

请用心读第二十章：皮皮上岸

1. 杜米和阿妮卡在海上航行中有怎样的变化？

2. 整个霍顿督岛一共有（　　　　）人。

3. 霍顿督人因为什么事特地立碑为念？

4. 杜米和阿妮卡是怎么评价这个岛的？

5. 你猜测一下接下来会发生什么事情？

第五周第 1 日：
请用心读第二十一章：皮皮劝告鲨鱼

1. 皮皮给莫莫他们讲了白孩子的什么特点？

2. 霍顿督岛是一个（　　　）。

3. 去最大的山洞的最大麻烦是什么？

4. 皮皮哭的原因是（　　　）。

5. 你认为皮皮是个怎样的孩子？

第五周第 2 日：
请用心读第二十二章：皮皮劝告基姆和伯克

1. 坐在洞口看波光粼粼的海面舒服极了，趴在地上往水里（　　　）也非常有趣。

2. 一艘汽艇上下来的两个白人是（　　　）和（　　　）。他们是（　　　）。

3. 自从基姆和伯克听船长说岛上的孩子用珍珠当石子玩，他们生活的唯一目标就是（　　　）。

4. 伯克是因为什么生气的？

5. 基姆和伯克的下场是什么？

第五周第 3 日：
请用心读第二十三章：皮皮对基姆和伯克不耐烦了

1. 雨一停，基姆和伯克又在争吵什么？

2. 伯克威胁皮皮时是怎样说的？

3. 皮皮是怎样对付基姆和伯克的？

4. 皮皮对长袜子船长说最可怕的事情是（　　　）。

5. 如果你是皮皮，会怎样对爸爸描述在他离开后发生的事情？

第五周第 4 日：
请用心读第二十四章：皮皮离开霍顿督岛

1. 皮皮觉得这次旅行后自己变（　　　）。

2. 皮皮她们和霍顿督岛的孩子们相处得怎么样？

3. 作者怎样描写给皮皮她们送别的场面的？

4. "蹦蹦跳跳"号（　　　）在圣诞节前赶回家乡。

5. 皮皮认为：只要（　　　）就行，心脏在跳动的人就（　　　）。

第六周第 1 日：
请用心读第二十五章：长袜子皮皮不愿意长大

1. 皮皮为圣诞节准备了什么？

2. 皮皮为杜米和阿妮卡准备了什么礼物？

3. 皮皮不愿长大的原因是什么？

4. 读完这本书，皮皮给你留下了怎样的印象？

5. 读完这本书，你有什么收获？

第六周第 2 日：
请用心重温这本书

1. 哪个章节给你留下的印象最深，为什么？

2. 皮皮的特长有哪些？

3. 皮皮的个性怎样？

4. 你喜欢皮皮吗？为什么？

5. 你怎样评价这本书？

日日精进，系列化名著共读（二）

——《海底两万里》师生共读

第一周第1日：

请阅读第一章："海怪"事件

第1节　巨型海怪

1. 这本书是（　　）国的（　　）小说家（　　）的作品。

2. "庞然大物"有怎样的特点？

3. 对于海怪的大小，见过的人有什么说法？

4. 人们把海怪和（　　）（　　）联系在了一起。

5. 就在人们争论着海怪存在与否时，又发生了一件什么怪事？

第一周第2日：

请阅读第一章："海怪"事件

第2节　赞成和反对

1. 对于海怪事件，最后，可能成立的说法有：（　　）（　　）。

2. 关于海怪，我有什么奇怪而大胆的设想见报？

3. 英美特意建造了一艘二级战舰——（　　）。

4. 正当人们摩拳擦掌地准备出征战斗的时候，海怪怎样了？

5. "林肯"号离开码头前的三个小时，我收到的信的内容是什么？

第一周第3日：

请阅读第一章："海怪"事件

第3节　准备出发

1. 我为什么会不假思索地接受了美国政府的邀请？

2. 康赛尔是一个怎样的人？

3. "疑窦丛生"是什么意思？你能用这个词语造个句子吗？

第三章

4. 从哪里可以看出康赛尔的确是一个忠心耿耿的人？

5. 从哪里可以看出人们对远征队的期盼和祝福？

第一周第4日：
请阅读第一章："海怪"事件
第4节　捕鲸大王尼德·兰

1. （　　　）是"林肯"号战舰的灵魂？

2. 从哪里可以看出战舰上人们的探求热情？

3. 远征队来之前是否做好了充分的准备？从哪里可以看出来？

4. 捕鲸大王是一位怎样的人？

5. 什么事让大家见识了捕鲸大王的高超本领？

第一周第5日：
请阅读第一章："海怪"事件
第5节　遇到海怪

1. 发现海怪时的场面是怎样的？

2. 为什么一向镇定果敢的船长也变得六神无主了？

3. 开始时，船长为什么不下令出击？

4. 林肯号的人们是怎样对付突然出现的"海怪"的？

5. 预测一下，接下来会发生什么？

第二周第1日：
请阅读第二章："鹦鹉螺"号
第1节　落水后的艰难求生

1. 落水后我被（　　　）救起？

2. 通过本章的描写，你觉得康塞尔是个怎样的人？

3. 一直被人们称为海怪的原来是（　　　　）。

4. 落水后，我们处于怎样艰难的境地？

5. 我们被（　　　　）拉进了那可怕的潜水艇之中。

第二周第2日：

请阅读第二章："鹦鹉螺"号
第2节　我们被绑架了

1. 从外面进来的第二个人有什么特点？请详细描述一下。

2. 为了沟通我们分别讲了哪几种语言？

3. 从哪里可以体现出捕鲸手的急躁性格？

4. 我又累又困，却怎么也睡不着，我想了些什么？

5. 预测一下，接下来会发生什么？

第二周第3日：

请阅读第二章："鹦鹉螺"号
第3节　尼德·兰的愤怒

1. 这艘怪潜水艇是怎样解决补给新鲜空气的？

2. 从哪里可以看出尼德·兰永远是一副急躁的样子？

3. 我为什么同意了尼德·兰的观点？

4. 我为什么产生了恐惧感？

5. 推测一下，怪艇上怎么会有人认识教授和尼德·兰？

第二周第4日：

请阅读第二章："鹦鹉螺"号
第4节　认识尼摩艇长

1. 认识教授和尼德·兰的人是什么身份？

2. 尼摩艇长为什么隔了很长时间才来见我们？

3. 尼摩艇长让我们必须答应一个什么条件？我们同意了吗？

第三章

191

4. 尼摩艇长用了什么理由动摇了我的想法？

5. 从尼摩艇长的哪些介绍可以看出艇上的新奇与富有？

第二周第 5 日：
请阅读第二章："鹦鹉螺"号
第 5 节　参观"鹦鹉螺"号

1. 我首先参观的是哪里？在这里看到了什么？

2. 参观客厅时，我为什么完全折服了？

3. 我最想知道的是关于这艘艇的什么秘密？

4. 哪些描述体现了作者超强的想象力和丰富的科学知识？

5. 这艘潜水艇的动力之源是什么？它是怎样获得的？你对它还有哪些
了解？

第三周第 1 日：
请阅读第三章：太平洋
第 1 节　黑潮暖流

1. 书中是怎样介绍太平洋的？

2. 人们都以为"鹦鹉螺"号是海怪的原因是什么？

3. 从哪里可以看出尼摩船长的机警？

4. 从哪些事情可以体现出教授的缜密？

5. 黑暗过后，我们看到了怎样奇异的美景？

第三周第 2 日：
请阅读第三章：太平洋
第 2 节　一封特别的邀请信

1. 我的日记本是由（　　　　）制成的？

2.通过尼摩船长的邀请信，你了解了邀请信应该写清哪些内容？

3.哪件事让我感到蹊跷？

4.尼摩船长邀请我去的森林是怎样的与众不同？

5.我们打猎用的猎枪有什么特点？

第三周第3日：
请阅读第三章：太平洋
第3节　漫步海底平原

1.从哪可以看出我们穿的潜水服很神奇？

2.作者是怎样形象地写出海底的柔软平坦的？

3.阳光的强度和穿透力为什么令我吃惊？

4.在海底平原，我们欣赏到了什么奇异景色？

5.想象一下，尼摩船长的海底森林是怎样的？

第三周第4日：
请阅读第三章：太平洋
第4节　在海底森林打猎

1.海底森林里的植物有哪些与众不同之处？

2.从哪几处描写可以看出康塞尔很兴奋？

3.我醒来时遇到了怎样的危险？是怎样化解的？

4.尼摩船长猎获了一种什么样的动物？

5.什么事情耽误了我们回艇的时间？

第三章

第三周第5日：

请阅读第三章：太平洋

第5节　太平洋下四千米

1. 我为什么彻底打消了和水手们搭讪的念头？

2. 网里都打到了哪些鱼？

3. 尼摩船长列举了海洋的哪些好处？

4. 我看到了怎样的海难惨状？

5. 推测一下，接下来会发生什么？

第四周第1日：

请阅读第四章：群岛、海峡和陆地

第1节　万尼科罗群岛

1. 尼摩艇长说："地球上不需要（　　　），需要（　　　）。"

2. 我们看到的那面奇怪的高墙是由极其微小的"劳动者"——（　　　）
   完成的。

3. 一个美丽的岛屿的形成过程是怎样的？

4. 什么事情让没有过上圣诞节的遗憾一扫而空？

5. 航海史上一个解不开的谜是什么？

第四周第2日：

请阅读第四章：群岛、海峡和陆地

第2节　托列斯海峡

1. 为什么说托列斯海峡是一个危险地带？

2. 尼摩艇长指挥本领之高是如何体现的？

3. 尼摩艇长认为（　　　）之日会有足够的潮水推动我们的艇前进。

4. 尼摩艇长是否同意我们的登岛请求？

5. 找出描写尼德·兰神态的句子读一读。

第四周第3日：
请阅读第四章：群岛、海峡和陆地
第3节 陆地上的两天

1. 刚到岛上，尼德·兰就发现的美味是（　　）。

2. 在森林里，我们幸运地找到了一种很有用的植物是（　　）。

3. 我们找到的水果是（　　）、（　　）和（　　）。

4. 康塞尔捕捉到的极乐鸟的外形特点是怎样的？

5. 推测一下，接下来发生了什么？

第四周第4日：
请阅读第四章：群岛、海峡和陆地
第4节 逃出土著人的包围

1. 我们为什么得且战且退？

2. 第二天早上，平台上的什么景象把我吓了一跳？

3. 我因发现了一只（　　）忍不住惊呼起来。

4. 土著人四散逃开的原因是什么？

5. 阅读了本章节，你对尼摩船长又有了什么新的看法？

第四周第5日：
请阅读第五章：印度洋
第1节 强迫入睡

1. （　　）是帝汶海最受崇敬的动物？

2. 渐渐地，我们为什么觉得艇上的生活像世外桃源一样？

3. 从哪些描写可以看出有大事要发生？

4. 发挥你的想象，尼摩艇长为什么将我们关进小仓房？

5. 尼摩艇长不仅把我们关了起来，还做了什么？

第五周第1日：
请阅读第五章：印度洋
第2节　珊瑚王国

1. 书中怎样描写了尼摩艇长不同寻常的神情的？这样描写有什么作用？

2. 病人的伤势怎样？他是怎样受伤的？

3. 从哪里可以看出珊瑚是一种有趣的物种？文章是怎样描写珊瑚王国的美景的？

4. 一种悲伤的情绪向我袭来的原因是什么？

5. 在阿龙纳斯三人被关起来的那天夜里，艇上一定发生了什么事情，请你发挥想象力，说说可能发生了什么？

第五周第2日：
请阅读第五章：印度洋
第3节　印度洋

1. 我们基本上不会感冒的原因是（　　　）。

2. 康塞尔的观察笔记中记录了哪几种有趣的鱼？它们有什么特点？

3. 请画出本章中我们的行程线路图。

4. 从哪可以看出尼德·兰从未放弃重获自由的希望？

5. 我们好几次看到了怎样的可怕景象？

第五周第3日：
请阅读第五章：印度洋
第4节　尼摩艇长的提议

1. 锡兰岛是一个怎样的岛？

2. 从哪里可以看出采珠人的生活是悲惨的？

3. 不同人眼中的珍珠到底是什么？

4. 怎样将贝壳里的珍珠取出来？

5.珍珠按照什么定价?

第五周第4日:
请阅读第五章:印度洋
第5节　一颗价值千万的珍珠

1.从哪里可以看出这是一颗价值连城的珍珠?

2.尼摩艇长是怎样奋不顾身地救那个印度人的?

3.尼摩艇长为什么要奋不顾身地救那个印度人?

4.你对尼摩艇长又有了哪些新的认识?

5.推测一下,接下来会发生什么?

第五周第5日:
请阅读第六章:红海、地中海
第1节　红海

1.(　　　　)月(　　　　)日,"鹦鹉螺"号浮出大洋表面的时候,已经到达了(　　　　)。

2.我和尼德·兰面对"鹦鹉螺"号的态度是怎样的?

3."鹦鹉螺"号向非洲海岸靠近时,我们看到了怎样的美景?

4."红海"名字的来历是怎样的?

5.尼摩艇长是怎样知道海底有条通道的?

第六周第1日:
请阅读第六章:红海、地中海
第2节　阿拉伯海底通道

1.神话中被称为"美人鱼"的,其实是(　　　　)。

2.我们发现的这只海牛有什么特点?

3.尼德·兰捕获海牛的过程是怎样的?

4. "我一下子精神过来了"说明了什么?

5. 我们是怎样找通道的?

第六周第 2 日:
请阅读第六章:红海、地中海
第 3 节 希腊群岛

1. 尼德·兰所谓的时机指的是什么?

2. 尼德·兰现在的真实想法是什么?

3. 康塞尔对于我和尼德·兰之间的辩论持什么态度?

4. 尼德·兰为什么失望了?

5. 尼摩艇长那整整一箱子黄金是干什么用的?

第六周第 3 日:
请阅读第六章:红海、地中海
第 4 节 四十八小时穿越地中海

1. 地中海沿岸的风光怎样?

2. 尼德·兰策划许久的逃跑计划为什么宣布作废?

3. 读了本章节,你认为阿龙纳斯是个怎样的人?

4. 请画出穿越地中海的行程图。

5. 在穿越地中海 48 个小时里,阿龙纳斯观察到了哪些海底景象?

第六周第 4 日:
请阅读第七章:大西洋
第 1 节 维哥湾

1. 从什么地方可以看出尼德·兰逃跑的想法已经根深蒂固了?

2. 尼德·兰本次的逃跑计划是怎样的?

3. 我面临着怎样两难的选择?

4. 为了表现尼摩艇长的心灵伟大和行为高尚，作者运用了什么描写？具体是怎样描写的？

5. 阅读了本章节，你猜出在希腊海域航行时那箱金子的去处了吗？

第六周第 5 日：
请阅读第七章：大西洋
第 2 节 消失的大陆

1. 尼德·兰的逃跑计划失败的原因是什么？

2. 尼德·兰是否打消了逃跑的念头？

3. 从哪里可以判断出这座被摧毁的城市曾经很繁华？

4. 诗人梭伦曾经听到一位智者说过什么？

5. 就在我天马行空遐想时，发现尼摩艇长在做什么？

第七周第 1 日：
请阅读第七章：大西洋
第 3 节 海底煤矿

1. 我在给康塞尔讲述那些大西洋人的历史时，康塞尔为什么听得心不在焉？

2. 探照灯亮了后，出现在我眼前的景象是怎样的？

3. 对于"鹦鹉螺"号来说，这个港口有什么用处？

4. 尼德·兰是怎样采集蜂蜜的？

5. 我们为什么结束了环湖漫步？

第七周第2日：

请阅读第七章：大西洋

第4节 萨尔加斯海

1. 为什么说萨尔加斯海不愧是"海藻海"？

2. 尼摩艇长用什么方式使我的著作变得精练而准确？

3. 我和康塞尔每天在艇上观赏各种海洋动物的感受是怎样的？为什么会有如此感受？

4. 我觉得什么是不可思议的？

5. 推测一下，接下来会发生什么？

第七周第3日：

请阅读第八章：南极

第1节 抹香鲸和长须鲸

1. 尼德·兰为什么要让我计算一下艇上的人数？

2. 什么事使尼德·兰重温了从前当渔叉手时的快乐时光？

3. 从什么地方可以看出尼摩艇长对海洋生物的关爱？

4. 请描述一下令人毛骨悚然的"人鱼"大战？

5. 尼摩艇长的态度为什么使我感到不安？

第三节　让讲书高效提升语文素养

在教育教学过程中，我努力践行，在班级坚持开展"教师、家长、学生"讲书活动，收到了良好的成效。讲书的过程，不但高效提升了学生的语文素养，而且为他们的生命涂抹上了温暖、亮丽的底色。

一、讲书的重要意义

1. 讲书——踏上一条探寻人生终极幸福之路

我们生来就是为了探寻人生意义，而不是茫茫然地、混沌地度过一生。理想的生活并不是在惊恐中寻找奶酪，而是走完这段路程，发现人生的真谛。我们每个人都有探寻人生意义的渴望，而讲书可以促进心灵成长和激发愿望。

在讲书的过程中，那些隐藏在书中的智慧、信念就会植根于我们的大脑之中，内化为生命的养分。幸福不是追求而来的，而是随之而来的。

2. 讲书——就是把书读活

读书的重要性不言而喻。但比起读书，更重要的是把读过的书变为自己的东西，仿佛自己就是书的作者。读书有两种乐趣，第一种是书本身的乐趣，第二种是"有趣的读书法"，这两种乐趣在讲书的过程中都能找到。读了书以后，通过讲书的思考、分享、交流，并联系自己的生活感悟，这本书才是自己的。把一本书读活，读出生机，前提条件是要具备新颖的、独到的见解。所以，想把一本经典著作读"活"讲"活"，就要用新奇、多样的观点正视它、解读它，并展开自己与自己、自己与作者、自己与他人的对话和交流。只有这样，那些看起来有些古板、有些无趣的经典之作才会变得像跃入水中的鱼儿一样自由地呼吸。

3. 讲书——让我们与世界联系在一起

所谓的学习，并不是通过考试来积累知识，而是要把头脑中的知识与现实生活联系起来，以此达到发散思维的作用。教室里、课桌上、书房里、书中的知识就像还没有播种的种子，一粒种子只有种在泥土里，接受自然界的各种洗礼，才能成长为一棵真正的树。而讲书，就是养成把现实生活和书本知识联系的习惯，让你看到不一样的风景、不一样的世界，这样就可以更加灵活、更加充满生机地学习、生活。这种能力越早培养越好。这就是所谓的"绕路走捷径"，才是实现了真正意义上的学习。

二、学生讲书内容展示

让读书成为一种习惯
—— 《假如给我三天光明》讲书分享
吉林大学附属小学 三年一班 薛梓莹

世界上没有一艘船

能像那一本本书

可以承载我们厚重的理想

也没有任何一匹骏马

就像一页页跳跃着的诗行

可以带我们去远方

我非常喜欢《假如给我三天光明》这本书，现在我把这本书推荐给大家，因为它让我懂得了在困难面前不要放弃，要勇敢地面对，只有这样才能锻炼我们的意志，带来许多有益的人生思索。

（一）作者介绍

海伦·凯勒（1880年6月27日—1968年6月1日），19世纪美国女作家、教育家、慈善家、社会活动家。她以自强不息的顽强毅力，在老师的帮助下，掌握了英、法、德等语言，完成了她的一系列著作。

她致力于为残疾人造福，建立慈善机构，被美国《时代》周刊评为美国十大英雄偶像，荣获"总统自由勋章"等奖项。主要著作有《假如给我三天光明》《我的生活》《我的老师》等。

（二）主要内容

《假如给我三天光明》是作者海伦·凯勒的自传。她仅仅拥有19个月的光明。假如给她三天光明，她第一天想看看让她的生命变得有价值的人，第二天想看光的变幻莫测和日出，第三天想探索与研究。她以一个盲人的身份想象，如果自己能够有三天的时间看到世界，将会去做哪些事——包括去看看帮助过自己的人，以及去感受自然，品味艺术世界。

看到了许多奇景，我还能听这样的声音：知识给人以爱，给人以光明，给人以智慧。

（三）我的感悟

海伦·凯勒以一个身残志坚的柔弱女子的视角，告诫身体健全的我们应珍惜生命，珍惜身边美好的一切。在她的世界里，只有无光、无声、无语的孤独岁月。

海伦用坚强战胜了一个又一个挫折。在我们的生活中，有时我们遇到了一点点的挫折，就会哭泣，更有人不敢直视困难，只想退缩。我们一定要坚强、勇敢、仁慈、善良，笑着面对人生所有挫折与困难。不经历风雨，怎能见彩虹！

同学们，让我们一起努力吧，关爱弱势群体，从我做起，从现在做起！

快乐讲书
——走进《窗边的小豆豆》

吉林大学附属小学　三年一班　张祺煊

（一）它讲了这样的故事

小豆豆因淘气被原学校退学后，来到巴学园。小林校长却常常对小豆豆说："你真是一个好孩子呀！"在小林校长的爱护和引导下，一般人眼里"怪怪"的小豆豆逐渐变成了一个大家都能接受的孩子。巴学园里亲切、随和的教学方式使这里的孩子们度过了人生中最美好的时光。

（二）作者简介

黑柳彻子，日本著名作家、著名电视节目主持人、联合国儿童基金会亲善代表大使。她的代表作《窗边的小豆豆》1981 年出版后，不仅在日本，而且在全球都引起了极大的反响。如今该书已被译成了33 种文字，介绍到世界各地，英文版在美国出版后，《纽约时报》发表了两个整版的书评文章，这一"殊荣"，此前从未有过。

1984 年，她被任命为联合国儿童基金会亲善大使，是继著名国际影星奥黛莉·赫本之后第七位，亚洲历史上第一位亲善大使。

（三）看看这些主人公

1. 他的头发已经有些稀疏，前面的牙齿有的也脱落了，但脸上的气色非常好。他的个子不算高，不过肩膀和胳膊都很结实，黑色的三件套西装已经旧得有些走了形，但穿在他的身上却显得非常整齐。（小林校长）

2. 他虽然是个男孩，个子却比小豆豆他们还要矮，胳膊很短，腿也非常短，而且像蟹足那样弯曲着。老师和大人们都知道，他的个子永远就这么高，不会再长了。（高桥君）

（四）"特别的"巴学园

1. 在小豆豆看来，"巴学园"是一个与众不同的地方。"巴学园"

有着让人一眼看上去就与众不同的校门，它是由两株矮树组成的，树上还长着绿油油的叶子，用小豆豆的话就是"从地上长出来的校门呀"。"巴学园"有着与众不同的教室，是一个个废弃不用的电车车厢，是小豆豆以及大家的电车教室。

2. "巴学园"有着与众不同的校长。第一次见小豆豆，这位小林校长就听小豆豆不停地说了 4 个小时的话，这期间校长只是微微笑着问几句："后来呢？"或者说："原来是这样的啊！"没有一丝不耐烦，没有一丝厌倦。

3. "巴学园"有着与众不同的午餐。每到午餐开始的时候，校长就会问："大家都带了'海的味道'和'山的味道'来了吗？""海的味道""山的味道"原来是校长不想让小朋友们偏食，所以蔬菜、肉类、鱼类都得吃。

4. "巴学园"有着与众不同的教育方法。每一天的第一节课，老师就把当天要上的课和每一节课的学习重点都写在黑板上，然后说："下面开始上课了，从你喜欢的那门课开始吧。"慢慢地，老师就会知道每一个学生的兴趣所在，和他们感兴趣的方式、思考问题的方法，这样的因材施教才是最有效的教育方法。

（五）小林校长的经典语录

"你真是一个好孩子！"

"你们大家都是一样的，无论做什么事情，大家都是一样的。"

"无论什么样的身体，都是美丽的。"

"不要忘记夺得第一名的自信。"

（六）我的启发

《窗边的小豆豆》带给我的不仅是欢笑，更多的是感动与启示。这是作者经历了几十年的沧桑岁月后，重新审视儿时的一切，以一个记述式的文笔写她自己的故事。小林校长的教育让她终身受益，而她也将这份收获以一个更透彻的视角转赠给了大家，以一个美的享受与品读献给了大家！

小林校长和小豆豆妈妈让我感到我们学生对校长和老师的诉求：倾听我们的心声，了解我们的需求，尊重我们的选择，关爱我们的身心，解放我们的手脚。

如果说读《繁星·春水》是一种美的享受，带我们进入梦幻意境，那么读《窗边的小豆豆》就是一种快乐的享受。在读《窗边的小豆豆》这本书时，我常常会情不自禁地融入小豆豆的生活，当她奋力地帮助患过小儿麻痹症的泰明爬上树时；当她滑稽地在厕所沟中寻找着她最心爱的包时；当她为去世的同学伤心不已时，我都深深地感觉小豆豆就是我身边的人，甚至我就是小豆豆，在体会着她的生活、她的情感。

我同时也很羡慕她，每天可以吃到"山的味道""海的味道"；可以在万物复苏的春天和同学们一起去野炊；可以从自己喜欢的那门课程开始学习；等等。也觉得作者黑柳彻子很了解我们，我们的喜、怒、哀、乐无不在这本书中淋漓尽致地体现出来，所以希望大家仔细阅读这本书，有时，读到一半，你可能会从中突然发现自己的身影……

在我们为作业多而烦恼时，不妨抬头看看窗外，鸟儿是否翻飞，树下是否阴凉。生命还在延续，自然是最好的老师，它会抚平你的忧虑，将最纯净的快乐给予你。

第四章
让写作真实发生

这世上最棒的是文字，以及它们结交朋友的方式，一个接着一个地。

——［美］欧·亨利

写文章不是生活的点缀和装饰，而就是生活本身。

——［中］叶圣陶

第一节　给学生一个会写作的大脑

我们都知道人的大脑是分不同区域的，每一脑区都有不同的功能，主导着我们不同的能力。对于小学生，有三部分脑区的发育应该是在成长时期齐头并进的，即主导记忆的脑区、主导计算与推理的脑区（又称"理性思维"脑区）、主导形象储存与运用这种储存进行各种方式表达的脑区（又称"感性思维"脑区）。

我们引领学生写作的前提，不是各种写作的技巧、方法，而是激活、开发学生感性脑区潜能，训练、提升感性脑区与理性脑区潜能的相互配合，让他们拥有一个会写的大脑。为此，我从以下几方面对学生进行大脑的开发、激活、训练，取得了可喜的效果。

一、思维灵感训练

每天坚持"来吧！想象力！"的思维灵感训练。

1. 想象一下，请你说出椅子的作用，至少 15 个作用哦。加油，你行的，想象力，想象力！

2. 请你想一想，让自己开心的方法，至少 15 种哦，呵呵，好好想一想。加油，加油，你行的！

3. 请你想一想，假如你被缩小了，缩得只有一根香肠那么大。有人把你装进了一个布袋里，你能用什么方法逃出来？至少 15 种方法，呵呵，加油哦，赶快解救自己吧！

4. 当你看到这样一条接线"——"时，你会想到什么？请发挥你的想象力，至少产生 15 种不同的想象，越多越好，加油吧！

二、"不相关"训练

这是激活大脑运转速度的训练，每天变换不同内容进行，深受学生欢迎。

请说出一个与"铅笔"有关的事物。

请说出一个与"铅笔"无关的事物。

三、"昨天和今天三组不一样"

运用"今天……，昨天……我更喜欢……，因为……"的句式，进行"昨天和今天三组不一样"的积累观察训练。

四、图片观察训练

从这个图中，你看到了什么？他们是谁？想想是什么关系？在哪里游？要去哪里？由此你能想象到什么样的情景？请仔细看图，充分挖掘图片里的信息，然后闭目想象，越生动越好。加油，你的想象力非常棒！

五、"中间地带"训练

当孩子有了一定的书写能力时，开始进行"中间地带"训练。例如，请用公主、摩天轮、雨伞、咖啡四个词语编一个完整的、有画面感的故事！写在日记本上！

不要忘记对家长进行温馨提示：各位家人，请记住，我们低年级的写作目标是培植兴趣，所以请以欣赏诺贝尔文学奖获得者的作品般虔诚的心去欣赏孩子的作品！作为家长，要每天给孩子积极的心理暗示！久而久之，这美好期待，不仅能照亮孩子，而且能温暖自己！

切记：不要替代，更不要打击！静待花开！

"中间地带"训练的词语，可以是老师出示，也可以是学生提供。学生完成后，老师整理成一个独立文集（文字、PPT）后再分享给家长、同学。

▶ **学生作品展示（刚入小学 2 个月）**

暑假的时候，有一天下着雨，妈妈带我去商场玩儿。商场里有一个摩天轮。我们带了一本书，想去摩天轮上，一边坐摩天轮一边看书。我们上了摩天轮，正好赶上雨停了，晴空出现了一道美丽的彩虹，坐在摩天轮里看彩虹可真是与众不同，感觉伸手就能摸到彩虹。为了记住这个美好的回忆，我回家坐在自己的小桌子前拿出画笔把这个画面画了下来，分享给我的小伙伴们看。我可真欢喜。

（小作家：陈曲悠扬）

有一个叫小明的孩子，正要放学，突然天空下起了大雨，雨停后出现了彩虹。小明去玩了摩天轮，很欢乐，回家后，桌上有书，他坐在书桌前看书。这时候，李老师来小明家串门了。李老师带来了写作业用的铅笔。

（小作家：高渤轩）

一个人发现了一个柜子，他想打开柜子，但是找不到钥匙，于是他想钥匙在哪里呢？找了很久，终于在沙发上找到了钥匙。他用钥匙打开柜子的门，在里面拿出了一本书放在桌子上看了起来。正在这时，外面电闪雷鸣，开始下暴雨了。雨后天空中出现了彩虹，真漂亮啊。然后他去游乐场，玩了摩天轮，真欢乐啊。

（小作家：兰昊睿）

一片青青草原，有一个人在房子里的桌子上看书。他看完书后就去接孩子了。开车回来路上，外面下雨了，下呀下，下呀下，雨下得越来越大，下了半个小时才停。雨后天空中出现了一道彩虹，他的孩子看到彩虹后欢乐地跳了起来。他们开车去了游乐场，在那里坐了摩天轮，之后就回家了。这一天可真开心啊！

（小作家：李星熠）

一天，小兔和小猪在草地上玩耍，小兔戴着它漂亮的帽子。突然一阵风吹来，把小兔的帽子刮到了树上，小兔和小猪不会爬树，就请来了小猴。小猴爬到树上帮忙把帽子摘了下来，它们在草地上欢乐地玩了起来。这时，突然下起了大雨，小猴对小兔和小猪说："雨停后我们在树下集合。"等了好久，雨也没有停，于是它们拿起漫画书，开始看了起来；雨终于停了，它们在大树下集合，看见天空中出现了一道美丽的彩虹。它们看着彩虹，开心得蹦蹦跳跳。接下来，小兔提出去坐摩天轮，曾经小兔、小猪和小猴约定每周都要去坐一次摩天轮，因为坐摩天轮可以看得很高、很远。从摩天轮上下来，它们觉得很饿，于是它们一起去了小猪家吃饭。小猪为大家准备了超级好吃的晚餐，有小猪爱吃的鸡腿、小兔爱吃的胡萝卜、小猴爱吃的桃子和香蕉。它们洗了手后坐在了桌子边，大家都觉得小猪家的饭菜非常可口。

（小作家：刘书含）

森林里住着一个小姑娘和一只小白兔，有一天，小姑娘想去坐摩天轮，可是太开心太着急了，手机忘带了，卡忘带了，连钱也忘带了。她想该怎么办呢？突然她一摸兜，发现带着电话手表，家里的小兔子也带着电话手表，所以她就给小白兔打电话，告诉它钱在哪里，让它给带过来。突然，她觉得饿了，幸好小兔子赶过来了。她们坐在29号桌饱饱地吃完饭买完单，一出门就看到天空上出现大大的彩虹，她们非常开心，非常欢乐。接下来，她们想去书店买本书，买完书她们就高高兴兴地跑回家一起看书，在书里她们学到了很多知识。

（小作家：刘筱琪）

小兔子和小猪相约下午去游乐场，小猪戴着一顶漂亮的帽子。它们一起去坐摩天轮，这时候下起了雨，小猪的帽子被风吹落挂到了树上。它们便向小猴子求助，小猴子愉快地帮助小猪取下了帽子。这时候，天空出现了一道彩虹，它们一起回到家，从柜子里拿出了一本书，一起在桌子上认真地看书，真是欢乐的一天。

（小作家：毛润承）

一天，有一家人想出去玩，但是外面下雨了，没法出去玩了，他们决定先看一会儿书。小女孩从书架里面拿出一本书，坐在桌子旁看书。大概过了一个小时，雨停了，小女孩最先抬起头望向了窗户，看到外面出现了一道大大的彩虹，然后小女孩叫了起来："爸爸，妈妈，快来呀，可以出去玩了！天晴了，天晴了！"爸爸妈妈同意了，他们快乐地去坐摩天轮。

（小作家：苏小茜）

小臭鼬和爸爸欢乐地去儿童公园玩，还一起坐了摩天轮。雨过天晴，它们看到天空出现美丽的彩虹，孩子问爸爸彩虹是怎么出现的？爸爸鼓励它回家多读书，要在阅读中找到答案！于是它们回到家拿起桌子上的一本《十万个为什么》，津津有味地读起来，并从书知道了彩虹是怎么形成的！

（小作家：乔子涵）

今天我很开心，因为妈妈要带我去看摩天轮，我们还带着小餐桌，背着小书包。在摩天轮上突然下了一阵雨，雨后我们看到天边出现了彩虹。然后妈妈带我们去了饭店，我们坐在椅子上，妈妈点了满桌子的饭菜。吃完饭，我们一起去了书店，妈妈带我看书，我们看完书欢乐地回家了。

（小作家：张赫煊）

有个小男孩，想去坐摩天轮，路中遇到了雨，在摩天轮的最高点，雨停了，他看到了彩虹，非常漂亮，有红橙黄绿青蓝紫七种颜色。他就想，彩虹是怎么形成的呢？于是他回到家，找书来查，发现他的书——《十万个为什么》不见了，他想起来这本书送给了好朋友。为了解决这个问题，他去书店又买了一本。他回到家，把书放到桌子上看，书里的内容特别有趣，他欢乐地笑了起来。

（小作家：张师睿）

从前，有一个小男孩叫周禹嘉。一天，他坐在书桌边看书，书名是《揭秘自然》。书中说了彩虹的形成是下雨后水汽蒸发，被光折射出红橙黄绿青蓝紫。他看累了，就出去玩。到了游乐园，看到高大的五颜六色的摩天轮，他坐上了摩天轮，能看见远的东西，往下看，人变得像蚂蚁一样小。他从摩天轮上下来，天上有彩虹，他把彩虹抓下来，放在摩天轮上，小朋友们都来玩，彩虹更好看了！

（小作家：周禹嘉）

星期天早上，我和爸爸妈妈去商场玩。我们先去了未来动物城，看到了很多可爱的小动物。聪明的鹦鹉居然会打水、升旗、举重，精彩的表演给我们带来了很多欢乐。然后我和爸爸妈妈去坐了摩天轮，我们都很开心。就在我们要回家的时候，下起了瓢泼大雨，于是我们决定在附近的书店避雨。我坐在桌子旁，津津有味地看书。我抬起头，看见一道七色彩虹挂在天空。好美！

（小作家：赵芸熙）

六、"作家潜能"训练

捕捉生活中的瞬间，巧妙渗透写作技巧。

正值盛夏，刚毕业的学生来看我和这群刚入学的小师弟、小师妹，给这群可爱的小家伙带来了雪糕、铅笔、橡皮，还有一个大大的西瓜。分享西瓜的过程中，教会他们运用多种感官观察西瓜，孩子们的描述都很精彩，再给他们每个人照一张吃西瓜的照片。又一个文集新鲜出炉啦！

▶ "五觉法"品西瓜之旅（入学仅仅两周）

1."五觉法"方法介绍

要想水果写得好，你得动用"五大将"呀！

眼口鼻舌手，观察好帮手。用脑多想象，写物不发愁。

2."品西瓜"方法指导

有序观察，从外到内。先观察外皮，再观察里面的瓜瓤和瓜子儿。

外部观察：

（1）用眼睛看：大小、形状、颜色。西瓜是椭圆形的，跟篮球差不多大。外皮是浅绿色的，上面还有一道道深绿色的、像水草一样的条纹。尾部有猪尾巴似的瓜藤。

（2）用手触摸：摸上去，感觉凉凉的、滑滑的，很舒服！

（3）用耳朵倾听：用手掌轻轻拍一拍，西瓜就会发出"嘭嘭"的声音，好像在说："吃吧，吃吧，我已经成熟了！"

（4）用鼻子闻一闻：把鼻子贴到瓜皮上使劲去闻，只能闻到一股淡淡的泥土的味道，却闻不到任何香味。

内部观察：

（1）刀放在西瓜滚圆的肚皮上，用力一拍刀背，只听"咔嚓"一声，瓜就被切成了两半。

（2）鲜红色的瓜瓤露出来了，中间还嵌着黑宝石般的瓜子，像和我们捉迷藏。这时，一股西瓜独有的香甜味弥漫整个教室。

▶ 学生作品欣赏

今天的语文课好有趣呀！大姐姐们来看望老师，给我们带来了香甜的西瓜！西瓜又大又圆，深绿色的西瓜皮上爬满了黑色的花纹，像一件漂亮的衣服！西瓜已经被切成了许多的小块，大姐姐发给了我和同学们！发给我的这块儿红红的，很新鲜，闻起来香甜香甜的，上面一个西瓜子也没有，吃到嘴里，有很多的西瓜汁，特别甜！我把西瓜捧在手里，西瓜皮很凉爽，整个教室充满了清凉的西瓜味道！谢谢大姐姐们，我们也像大姐姐们一样喜欢李老师！

（小作家：毛润承）

今天，妈妈买回来一个大西瓜，它又圆又大，穿着绿衣裳，还带着深绿色的条纹，我用手一摸滑溜溜的，还凉凉的，我就吵着让妈妈切开。妈妈在用菜刀切开之前，用手敲了敲，发出"嘭嘭"的声音，用刀一切，发出"咔嚓"的一声，露出红红的瓤还有黑色的西瓜子，我用手摸是软的，还粘粘的。我凑过去闻了闻，还有淡淡的清香。妈妈切完分给我一块儿，吃了一口，凉凉甜甜的，好吃极了！

（小作家：郭一菲）

我想吃西瓜了，妈妈带我去买，西瓜拎起来特别重，西瓜切起来有脆脆的声音，切开大西瓜里面都是黑黑的西瓜子，我用鼻子闻了闻，西瓜很香，我吃了一块儿，又甜又凉快。

（小作家：李恩旭）

大西瓜很甜，它看起来像一个大大的绿色的圆球，它有花纹，像海草一样，我拍拍它，听到"咚咚"像敲门的声音，摸着硬硬的，里面的西瓜子就像小石子，西瓜瓤是红红的，闻一闻很清香，吃起来很甜，和妈妈的爱心一样甜蜜，和爸爸的温暖一样舒服。

（小作家：梁昕悦）

　　西瓜看起来圆圆的、绿色的，有黑色的条纹，还有条短短的"小尾巴"。西瓜摸起来也是圆圆的、光溜溜的、硬硬的，用手拍有"咚咚"响，切开闻起来有甜味，吃到嘴里也是甜甜的，非常好吃。

（小作家：刘世博）

　　这个西瓜瓤是红红的，有黑色、黄色的子儿，外面的皮是白色的，最外面还有绿色的皮。敲着西瓜皮，咚咚响，一听就是一个熟西瓜。西瓜汁粘粘的，西瓜皮摸着滑滑的，西瓜瓤摸着有沙沙的感觉。西瓜凉凉的、甜甜的，非常好吃，闻着清新凉爽。西瓜是我最爱吃的水果！

（小作家：苏熙雅）

　　我看到了大西瓜，它穿着黄色和绿色的衣服。我用手拍了拍，发出咚咚的声音，我搬起了它，好重啊。我切开了西瓜，闻到了淡淡的清香，吃起来甜甜的。

（小作家：林衍丞）

　　今天下午第一节课下课的时候，大哥哥和大姐姐给我们带来了大雪糕、一盒盒铅笔、橡皮，还有一个大大的西瓜。这个西瓜非常大，绿绿的，有黑色的条纹，有的地方还有些黄黄的，像一个圆圆的大球。它闻起来有些清香的甜甜的味道，摸起来硬硬的，拍拍它，发出了大鼓一样的"咚咚"声，把我的手都拍肿了，红红的。它虽然拍起来有点疼，但是吃起来可是非常好吃的，红红的西瓜瓤吃起来十分香甜。谢谢大哥哥大姐姐们送给我们这么甜的大西瓜！

（小作家：孙誉轩）

西瓜大大的，有纹，有个小尾巴，它像一个椭圆形的鸭蛋，我敲它有声音，摸到它硬硬的，有厚厚的皮。闻起来西瓜甜甜的，吃起来蜜蜜的、软软的，非常解渴。

（小作家：刘禹辰）

今天，两个大姐姐给我们带来了大西瓜。我走到西瓜跟前，用手摸一摸，外表非常的光滑，我又凑上去闻了闻，有一种清香的感觉，口水差点流到西瓜上边，姐姐看透了我的心思，她用小刀把西瓜分成了小块儿，我们每人分到一块儿，大家都在快乐地分享，吃得很开心，边吃边说："好甜啊，好甜。"我们长大后也会把这份爱心传递下去，感谢姐姐们，感谢老师。

（小作家：魏骏昊）

这个西瓜是绿色的，上面还有黑色的条纹；西瓜摸起来是滑滑的，敲起来的时候能发出"咚咚咚"的声音，然后闻起来是甜甜的味道，西瓜吃起来也是甜甜的味道。

（小作家：张瑷熙）

一天早晨，我看到桌子上有一个大西瓜，西瓜是椭圆形的，大大的，颜色是深绿和浅绿相间的。果肉是红色的，子是黑色的，我使出全身的力气，敲了一下西瓜，听到西瓜出现了"嘣"的声音。切开西瓜有一种清香的味道，尝一口是甜甜的，水分很多。

（小作家：孙美涵）

西瓜老大了，瓤特别红，一看就知道熟透了！老师给了我一块儿可大的西瓜了，我几口就把它吃掉了。真甜呀！希望每天都能吃到这么甜的大西瓜。

（小作家：张皓煊）

西瓜是圆圆的，它穿着绿色的衣服，衣服上有黑色的条纹。闻起来香香的、甜甜的，摸起来西瓜的皮是光滑的，拍起来有"咚咚咚"的声音。它的心是红红的，它的子儿像一颗一颗的水滴，吃起来是淡淡的甜，还很香。

（小作家：秦美多）

这是一个敲起来有"咚咚咚"的声音的西瓜，它摸起来硬硬的，抱起来沉甸甸的；它看起来绿绿的，上面有黑色的花纹，花纹是波浪形的，像一条条海带，看起来好诱人呀！西瓜瓤是鲜艳的红色，上面有黑色的西瓜子，西瓜闻起来有一种清香的味道，吃起来甜甜的，吃着就有一种停不下来的感觉，还有和我同感的人吗？

（小作家：张栩赫）

我看见了大大的，穿着绿色衬衫的大西瓜。它看起来很沉，皮很光滑，闻起来香香的。我把西瓜切开，看见了红色的瓤、黑色的子儿。我敲了敲它的皮，听见"咚咚"的声音。它尝起来很甜。

（小作家：谭钧匀）

我看到了一个大西瓜，我敲了两下听到"咚咚"的声音，我用手捧起西瓜，感觉西瓜很重，我闻到清香的西瓜味道，切开西瓜看到四种颜色，分别是红、黑、绿、白。看到黑黑的西瓜子和红红的西瓜瓤，吃到嘴里甜甜的，我很高兴，非常感谢哥哥和姐姐。

（小作家：周宁志）

西瓜外表是碧绿的，外皮上有墨绿色的条纹，要想知道西瓜熟没熟，用手指弹一弹，发出"砰砰"的响声，就说明西瓜熟了。西瓜切开后，闻起来有一股淡淡的清香，吃起来甜甜的。

（小作家：田宇航）

这是一个绿色椭圆形的西瓜，敲它发出"咚咚"的声音，摸着感觉很硬，很光滑，抱起来很沉，凑近闻一闻，它表皮有土味儿，还夹杂着甜甜的味道。切开后吃上一大口，感觉里面有小颗粒，甜甜的，有子儿，真好吃。

（小作家：王颢然）

西瓜是夏天常见的一种水果。它外形圆圆的，绿色的皮带黑色的条纹，像我喜欢踢的皮球一样。敲一敲，发出"咚咚"的响声，像要裂开一样。虽然它的皮滑滑的，硬硬的，但切开后，红色的瓤软软的、嫩嫩的，像一片片红色的云朵中点缀着黑色的小雨滴。瓜瓤闻起来有股清香的味道，一口咬下去，脆脆的，甜美而多汁。西瓜是我最喜欢吃的水果之一。

（小作家：邹昊辰）

教师寄语：

亲爱的孩子们：

逐一细细品读了你们的作品，老师可以感受到，你们是一个个善于观察，愿意体味生活的孩子。愿你们犹如一颗颗刚刚破土而出的种子，对未知的一切都充满期待和惊讶。

人生好多美妙的事物和过程等待你们去探索。愿你们的心中有朝霞、有露珠、有常开不败的花朵。加油吧，孩子们，时刻对生命思索，愿你们未来不断睿智、深刻。

爱你们的李老师

2019 年 8 月 22 日

第四章

第二节　解密儿童与写作无痕对接

王阳明说过："大抵童子之情，乐嬉游而惮拘检。如草木之始萌芽，舒畅之则条达，摧挠之则衰萎。今教童子，必使其趋向鼓舞。中心喜悦，则其进自不能已。"

由此可见，在习作教学中，教师应该变身为一个闯入童心世界的友好玩伴，抑或是神奇的魔法师，凭借真挚的情感、迷人的创意、专业的点拨和热诚的鼓励，激起学生心底对写作的热望。从教学实际出发，创设乐学情境，寓学于玩，引领学生在轻松、愉快的写作世界里如痴如醉。

一、让有趣与习作对接

激发作文的兴趣是学生写好作文的前提。在作文起步阶段，我们应多从"有趣"入手，让孩子从"无趣"到"有趣"，才是入门之道。

爱玩是所有孩子的天性，在玩耍中，孩子的大脑得到激活；在玩耍中，孩子的思维得以发展；在玩耍中，孩子的各方面能力得以提升。纵观人类历史长河，有多少伟大的发现、发明是在玩中诞生的呀！现在的孩子太缺少"玩"了，太需要"玩"了，也太不会"玩"了。

由此，我组织学生先玩后写、边玩边写、玩中学写、不玩不写。用"玩"去对付"怕"。以"玩"为依托，以兴趣为核心，引领学生走在快乐游戏、快乐作文的康庄大道上。

二、让情趣与习作对接

杜威曾说："教育即生活。最好使学校成为儿童真正生活的地方。"叶圣陶也指出："让学生消除学习与生活的界限，学习就是生活，并非生活的准备。"

生活有多广阔，语文就有多广阔。让生活与习作相连，让学生走向生活，校园生活、班级生活、校外生活、家庭生活，在生活中汲取写作的养分，成为一个有情趣的人；让生活走进作文，让作文成为学生一种诗意生活的最美体现。让生活情趣与习作相连，作文便有了源头活水。

三、让志趣与习作对接

真正的作文教学，绝不是教给学生得分的技巧，而是让学生成为一个会思考、懂生活、有"志趣"的，真正的、大写的人。

有志趣的人，必然是一个能够拓宽生命体验的人。"读万卷书，行万里路"。迈开双腿，打开心扉，便会迎接更广阔的世界，写作便会因为更实在而更真实。

有志趣的人，必然是一个极具思想的人。那些来自大脑的独特的思想，未必会有他人之说那般深刻透彻，但是却因其只属于自我，更显得格外可贵。

有志趣的人，必然是一个内心充盈着爱的人。那些来自父辈和祖辈的爱，来自师朋的爱，来自心底对自己的爱，为我们构建了一个最真实、最美好的世界。这个世界，可以抵挡外来的任何侵袭。

▶ **学生二年级快乐暑假生活展示厅**

兰昊睿的快乐暑假生活

放假前立的实现目标：玩，就是玩。

玩水：我是一只鱼。

挖沙：我的工程我做主。

郊游：天宽地阔，自有我天地。

露营：属于我们的梦幻神秘夜。

伙伴：众乐乐，让快乐翻倍的方法。

童年：可以脚踏实地，也可以飞得更高。

追逐：速度与激情，陪伴与成长。

挑战：驾驭，征服；可以坎坷，可以坦途。

竞技：胜不骄，败不馁，快乐最重要。

王韵涵的快乐暑假生活

一、做好假期计划，快乐学习。小组学习，互相督促，提高效率。

二、学习游泳、练习书法、参加舞蹈考级，提高自己。

三、长白山之旅。

四、大美延吉。

五、锻炼身体、强健体魄。

六、亲近自然，做生活的有心人。

七、乘风破浪，迎接我们的三年级。

乔子涵的特别暑假

以前的每个假期妈妈都会带我去各地游玩，可惜最近两年我们都没有走出去。现在爸爸妈妈请好了假要带我出去玩了，好期待这个暑假啊！

让我们一起来感受一下我特别的假期生活吧！

虽然我很期待出去玩，但是我们的行程却因为我的两个比赛推迟了。第一个是我参加学校艺术节的啦啦操表演；第二个是我参加璀璨中国艺术才艺国际展演大赛。

虽然为了它们推迟了我的行程，但是每一次登台演出对我都是一次锻炼。当我取得了很好的成绩，得到老师的表扬时，可以不断增加我的自信心，让我以后做到更好。

忙完一切，终于可以出发了……

我们最先来到了我最爱的大海……游泳、挖沙、晒太阳……开启了我惬意的暑假生活。

我们早早起床去看日出，赶海……收获满满。白天，我们去参观各处美景……在每个角落都留下我们的身影……我还接触到了很多可爱的又很少见到的小动物……每天我们还吃着各种各样的美味……晚上，我们去看各种演出……

转眼间，旅游结束了！要跟大海说再见了……

可是我的假期和玩耍还远远没有结束……只要有时间爸爸妈妈就带我去玩疯狂刺激的滑草、超长滑梯、彩虹滑道……还带我玩遍各大游乐场、秋千，还可以在喷泉里戏水……

约上好友一起去畅玩还可以偶遇好朋友，你们想一起吗？随时跟我联系哦！

在娱乐中让我展现亦动亦静的每一面，体会各种运动乐趣……妈妈说只有会玩的孩子才会学习。

快乐玩耍的时候也不忘跟着家人们一起聚餐，感受幸福。

但是，不要以为我的假期只在玩耍哦，我也有很多进步呢！

妈妈说女孩子的字是第二张脸。这些字是我这个假期的改变，虽然还不够漂亮，但是慢慢努力总会有结果。妈妈说这个假期我最大的进步是可以坐住板凳，静心画画了……我终于可以安静地看书了，感受到了读书的乐趣……还尝试了陶艺和彩绘。

新的学期马上就到了，上个学期带病坚持完考试，妈妈说我很棒，如果再认真一点儿学会检查，数学不落题就可以得到三个一百分了。虽然有小遗憾，但这样才有努力的方向。

在新的学期，我一定要用认真严谨的态度对待每一科的学习任务，期待我们都有更好的表现吧！

第三节　从一句话到一本书的跨越

我希望自己的学生，个个热爱写作，且终身为自己的人生而写。热爱写作的孩子将拥有更美好的人生。

回想自己从开始陪伴孩子写作，到今天已有 27 个年头，不细数时真的感觉不到时间已有如此之久。想想，也许就是因为始终沉醉在与孩子们为伴、与他们一起快乐写作、快乐成长的缘故吧。

引领孩子们的写作之路，就是一次充满未知的旅行，在乎的是沿途的风景，更在乎的是看风景的心情，用心走过的路会成为最美的风景。

吉林省全民阅读协会不仅倡导大家读书、讲书，并且以独特的方式引导大家写书。

要实现"从一句话到一本书"的跨越，以下四点尤为重要。

一、帮学生"除魅"

写作这件事应该是人的一种本能，只要愿意，只要识字，写作就应该像呼吸一样自然。

在引领学生写作的过程中，其实最重要的，花费心力最多之处，不是教授写作技巧，而是努力地帮助学生"除魅"，也就是消除学生对于写作的由内而外的各种障碍。这些障碍包括心理层面的恐惧、厌恶，也包括外在对写作这件事的任何束缚。只有当学生愿意并且喜欢写作时，写作这件事才可能真正发生。

二、给学生空间

写作是很生活的，也是最贴近生活的，是心灵的舞蹈，是笔尖上的成长。所以，老师要做好陪伴者、分享者、欣赏者的角色，多给学生空出一些时间，多给学生一些成长的空间，给学生提供一个不一样的成长路径，让他们可以尽情徜徉在写作的天地里，写得更自在、更快乐、更顺畅，我们和学生都会收获意想不到的惊喜。

三、给学生"赋能"

无论学生的写作能力如何，请一定一如既往地相信、鼓励、充满希望。

相信是最美好的开始，相信是最神奇的力量。每个学生本心都是渴望向上、向善的。每个学生本身都是有写作能力的，无限相信，才会无限点亮本心，而终有一天，强大的光亮，足以让学生永远驻足光明的心的原野，缔造成长世界中独一无二的美！

四、给学生平台

孩子们的写作热情是需要不断被激活的，我们要给学生搭建一个又一个展示自我的平台，如班级分享会、班报发表、省广播电台直播间分享、参赛、公开发表个人成长日记、个人作品发布会……真正实现从一句话到一本书的跨越，这样就会不断鼓舞学生向着作文的"青草更青处漫溯"。

教师感言：

批阅孩子们日记后深觉：

有些人之所以不断成长，绝对是有一种坚持下去的力量。

好读书，肯下工夫，不仅读，还坚持写作。日复一日地坚持！

人要成长，背后的努力与积累一定数倍于普通人。所以，关键还在于坚持！在语文学习的道路上，最绕远的捷径便是阅读和写作！坚持吧，宝贝们！

看到宝贝们的日记，真心爱啦！家长们有时间费心帮宝贝们整理一下，形成文集，这也是他们人生的第一本书，这将会成为孩子成长历程中最美的印迹、最珍贵的礼物。

家长回音壁：

从开学初的第一篇日记，正是李老师的指引和鼓励，筱琪才能坚持下来，若干年后我还能陪她一起回忆她的童年。感谢李老师不断带给我们启发和惊喜。

——筱琪妈妈

有智者的引领，有榜样的鞭策，才学会如何做一个合格的父母。

——芸熙妈妈

在制作日记集的过程中感触颇多，其实孩子们每天都在成长，有时候是我们家长忽视了这些美好。向优秀的家长们学习！也感谢李老师给我们提供了这个特别的方式和机会！

——谭钧匀妈妈

感谢李老师用这种方式让我们能重新回顾孩子的成长历程，还能不断挖掘自身潜力，给孩子和自己都留下美好回忆！其实曾无数次想过给孩子整理照片和文集，只是惰性使然一直没有实施，还是李老师给了我动力，让我把一直想做却没做的事情完成，谢谢老师的鞭策！愿我们每个宝贝都有一个美好回忆！

——乔子涵妈妈

谢谢李老师孜孜不倦的教导和满满正能量的鼓励，孩子们的这些成长点滴十分珍贵，很庆幸因为有您，我们能有机会把回忆和历程记录下来！

——梁昕悦妈妈

制作日记集的过程中，重温了孩子的成长经历，一个个美好的瞬间又浮现在眼前，感触颇深，很有意义！谢谢李老师的谆谆教导和鼓励，又用这种特别的方式给孩子留下美好的回忆！

——高渤轩爸爸

　　感谢李老师的建议和鼓励，感谢前面家长们的精心制作，给了我不少启发。做完之后，我觉得日记中的这些瞬间真的太珍贵了，值得珍藏！

——陆晓妈妈

　　生活中总能遇到感动和惊喜的瞬间，可能它们平时就像一颗颗珍珠散落在夜空。有了这次整理文集的机会，将一颗颗珠子串起来，成为一件艺术品，值得永久珍藏。谢谢李老师，谢谢有爱的大家庭里其他家长的榜样，我终于克服惰性，完成了早就应该完成的任务。

——王颢然妈妈

第四章

▶ 学生成长日记掠影

老师寄语

亲爱的筱琪宝贝：

这个世界的美丽和幸福，不是这个世界给予我们的，而是我们的心和这世界清澈的相映！ 愿你永远可以用你晶亮的双眸去发现生活的美好；愿你永远可以用你澄澈的内心去感应世界的多彩；愿你永远可以用你生花的妙笔去记录生活的点滴……慢慢地，你会惊异地发现那些寻常的事物会变得非凡、美好、庄严了；那些凡俗的日子会变得可亲、可爱、可想念了！

愿你可以永远诗意地生活！

永远爱你的李老师

2020 年 3 月 30 日

爸爸的寄语

世间最有成就感的事，莫过于陪伴孩子长大。世上最纯净的心灵，莫过于孩子充满善良、好奇的目光。这本文集是我大女儿初观世界的所思所录，是珍贵无比的回忆，也是我常常缺席的她的童年。

妈妈的寄语

学习的扎实多来自毅力，毅力就是坚持，这个坚持开始是习惯，后来是品质，最后是性格。坚持在于时间的累计，在于经验的沉淀，在于思想的成长。梅花香自苦寒来，愿你的每一份努力，都将绚烂成花。

刘琪筱成长日记之一年级

2019 年 10 月 29 日　　星期二　　天气晴

月月公主和小 hóu 子

有一天，一 wèi 月月公主 yù jiàn 一只小 hóu 子。她问小 hóu 子一个 mí yǔ，最后，猜出 mí yǔ 是咖啡。然后，它们去玩了一会儿 mó 天 lún，就开开心心地回家了。

......

2020 年 4 月 25 日　　星期六　　天气晴

我的 mó gu 大军

今天是个十分开心的日子，因为我和妹妹种的 mó gu 终于长大了。上周，奶奶给我们 mǎi 了 mó gu jūn，很大的一 dài 子。我们首先按照说明书的要求做好了 zhǔn bèi 工作，jiē 下来就可以给它们 jiāo 水了。mó gu 怕 shài，而且还 xū 要保 shī。它的生长 sù dù 很快，前三天一直没发现它们有什么变化，第四天早 chen xǐng 来，它们 jìng rán 都从 jūn dài 里钻了出来，每个头都 dài 着一顶圆 mào 子。到了下午，它们个头又长高了不少。第五天，一个个胖乎乎的小 mó gu 在对我 wēi 笑，看着都很美味。种 mó gu xū 要 nài 心，我一开始也是很着 jí，pàn 着它们快点长大，可后来就好了。tè 别是看到自己亲手劳动 huò 得的果实，心里别 tí 多高兴了！你们种菜时也很着 jí 吗？

第四章

229

刘琪筱成长日记之三年级

牵牛花

我家葡萄架旁的花坛里缠绕着许多娇嫩鲜艳的牵牛花。一团团一簇簇的，翠绿色的叶子，枝条很细，茎高低不同地爬满了整个架子。

远远望去，好似数不清的穿着红色、粉色、蓝色裙子的女孩，在一个个绿色的大舞台上翩翩起舞。走近一看，红白、粉白、蓝白相间的花冠，上面深下面浅，看上去像无数颗小星星。心形的，毛茸茸的叶子纹络清晰，像一个个绿色的手掌，随风摆动。它的叶子越长越大，藤越长越长，恨不得要长到天上去呢！我忍不住好奇地摸了摸，绒毛很硬，花冠却滑溜溜的，盛开着的像喇叭、像雨伞、像甜筒，还像铃铛。偷偷地咬上一口，顿时一股涩涩的苦充满口腔。我拾了一朵落在地上的花，用石子将它磨出紫红的汁液，好奇又兴奋地把汁液涂在指甲上，简直就是天然的指甲油。妈妈说那是因为牵牛花里含有的花青素会显色，她小的时候也做过同样的事情。

清晨，伴着干净清透的空气，混合着阳光的味道，沉睡了一晚的牵牛花舒舒服服地伸了个懒腰，争先恐后地探出了可爱的小脑袋，你挤我，我压你。这时，紫色的喇叭唱着悠闲的小曲，慢慢地绽放。连茎也不甘示弱，努力地向周围一切物体攀爬着。中午，烈日炎炎，为了保存水分和营养，牵牛花不得不戴上太阳帽，各种颜色的太阳帽里有芝麻大小金黄的花蕊，密密麻麻的。到了傍晚，伴着夕阳西下，花冠一点点合拢，呈球状，像极了害羞的女孩在和风姐姐唱歌跳舞。为了观察它们的生长速度，我取了一根木棍插在花丛旁。果然，第二天一早，牵牛花已经悄悄地爬上了木棍，茎也肆无忌惮地蔓延生长，不得不惊叹牵牛花连睡觉都这么兢兢业业。

牵牛花是顽强的花、勤劳的花、拼搏向上的花。它的生命力极强，种子就像迷路的孩子在四处飞散找寻妈妈，落到哪里，就在哪里生根、发芽、长大。只要有可以攀爬的地方，就有牵牛花的家。无论是高墙、路旁，还是杂草丛中，都会有牵牛花努力的身影。每当下雨时，我总会打着伞，去看叶子在风中来回摇摆，用它娇小的身躯抵挡风雨的吹打，那看起来弱不禁风的花冠也在风中瑟瑟发抖，却依然不屈服、不弯腰。秋风习习，有的牵牛花好像生病了，低着头回了家，但仍有些即使花谢了、叶子黄了，仍留下继续守护四季，播撒希望。

　　寒来暑往，牵牛花就这样一直平凡、美丽又具有生命力。

第四节　激活学生爱写作的内驱力

"发表"将激活学生爱写作的内驱力，将给学生以"高峰体验"，将会影响学生一生，成就学生一生。

一个优秀的语文教师，不应该把力量都放在"指导"学生如何写作文上，至少应该分出一半的力量用来研究如何帮助学生"发表"作文。只有学生体验过作文作为"一种公众的言说"给自己带来的自尊与自豪、精彩与激荡，学生才会从内心爱上作文，其作文水平才可以得到更快地提升。

"发表"，既表明学生的写作才华被认可，又象征着学生获得了进行公众言说的权利。这种权利将给予学生更广阔、更洪亮、更久远的声音，同时伴随着获得感、快慰感、成就感，将刺激着学生以更好的姿态和心态去写作。

在引导学生写作的过程中，我努力让每个学生都享受公开发表的快乐，让每个学生都持续地享受公开发表的快乐，这看似是天方夜谭。其实，只要我们创造出更多的机会，开辟出更多的园地，多渠道地发表学生的习作，激发和培养学生的写作热情，就可以实现从非正式的发表到正式发表的神奇跨越。多年的教学实践中，我坚持从以下六个方面激活学生写作的内驱力，取得了惊人的效果。

一、班级分享会

每次批阅学生的日记、作文时，我都始终用欣赏、赞美和惊喜的眼光去发现学生作品中的闪光点，在每天的语文课上或早自习让学生当众分享。在班级分享会中，让每个学生都有登台分享的机会，这样激发了每个孩子写作的兴趣，展示了每个孩子写作的才华，给予每个孩子成功的体验。

二、班报发表

班级每周出一期《精灵报》，每一期一般发表 15 名同学的作文。在每个学期，给予每个同学发表的机会。这样持续地、有规律地发表，给学生写作注入了鲜活的生命力。

三、个人作品发布会

在班刊上发表一篇文章，荣获"新苗文学奖"；发表五篇文章，荣获"作文小能手"荣誉称号；发表十篇文章，荣获"班级小作家"荣誉称号；发表十五篇文章，荣获"文学小达人"荣誉称号；发表二十篇文章，荣获"班级诺贝尔文学奖"，并在班刊上刊一期个人专刊，在班级召开个人作品发布会，并签名发刊。久而久之，在班级里形成了一种极其浓郁的写作氛围。

四、省广播电台直播间分享

荣获"班级小作家"荣誉称号的同学，将有机会和老师一同做客省广播电台直播间分享自己的优秀作品。这种别样的成功体验，极大地激发了学生的写作热情，提升了学生的写作能力。

五、参加大赛历练成长

学生在各种作文大赛中历练成长的速度是惊人的。我们可以清晰地听到他们生命拔节的声音，感受到他们生命律动的韵律之美。

2018 年，在我的引领下，历经了吉林省冰心文学大赛组委会初赛及复赛的层层选拔，所教班级全班同学均以优异的成绩获得了赴京参加全国总决赛的资格。同年 7 月 12 日至 15 日，有 29 名同学赴京参加了总决赛第一期，与来自全国各地 639 名参赛选手，进行激烈而紧张的现场作文角逐和全方面的才艺大比拼。同学们发挥出色，不仅在文学大赛中悉数获奖（其中获金奖 12 人；获银奖 10 人；获铜奖 7 人），更在朗诵大赛中摘得 2 金 6 银 6 铜。在才艺大赛中有 9 人获"中华小才女""中华小才俊"的荣誉称号；在创造力大赛中 1 人获金奖，1 人获得银奖，10 人获得创意奖。

本次大赛中，我所执教的五年一班成绩骄人，共获得奖项 64 人次。在众多参赛单位、团体和个人中，只有我们班斩获了大会所设置的所有集体与个人奖项，这在历届冰心文学大赛中是绝无仅有的，孩子们书写了冰心文学大赛的传奇！

鉴于全班学生在本次大赛过程中的出色表现，我的班级被评选为"全国写作教学示范班级"（全国仅有四个班级获此殊荣）；我荣获了"全国写作示范教师"的荣誉称号，吕思源同学荣获第十三届全国青少年冰心文学大赛形象代言人及十佳"文学之星"的光荣称号。吉林大学附属小学被组委会评选为本次大赛的"全国写作教学示范学校"（本次大赛全国仅有两个学校获此殊荣）。

在清华大学的颁奖盛典上，我代表全国写作示范教师进行了交流，吕思源同学作为全国形象代言人进行大会发言，我班 10 名同学被组委会授予光荣的任务——为吴青教授（冰心老人女儿）及各位专家学者敬献红领巾。优秀的老师与优秀的学生成为本次大会的焦点。

北京参赛之旅，同学们不仅收获了成绩，展示了自我，更有机会聆听知名专家学者的报告，参与优秀教师论坛和家长论坛。中国科技馆专题活动，体验科学魅力，启迪创造思维；"热爱文学，振兴中华"长城宣言活动，启迪文学梦想，激发爱国情愫；参观颐和园，感受皇家园林气势，体会中华人文魅力。在开阔眼界的同时，也在智慧的海洋中得到了沐浴和洗礼，孩子们的情怀在不断的学习和认同中得到了培育和升华！

冰心，一个温暖而充满魅力的名字，她用一盏盏小橘灯，给一代一代的读者带来温暖、希望和光明。对于文学，对于人生，冰心老人曾用这样富有诗意和哲理的话语描述："爱在左，同情在右，在生命路的两旁，随时撒播，随时开花，将这一径长途点缀得花香弥漫，使得穿花拂叶的行人，踏着荆棘，不觉得痛苦，有泪可挥，不觉得悲凉！"冰心文学大赛，犹如一颗承载着诗与生命的种子，今天，我们将其播撒于心田，满目春风，指日可期！

"最是书香能致远，腹有诗书气自华。"我们因梦想而努力，因为文学大赛而无悔！文学与成长，梦想与追求，在赛事中一路繁花。

六、报刊正式发表

我会将学生的优秀作品向优秀的儿童刊物投稿。当学生看到自己的作品公开发表并获得稿费时，内心的成就感是难以言表的，其他同学也会因此受到鼓舞和激励，更加积极地投身到写作之中。我所教的班级，每学期都有多名同学的作品公开发表。

公开发表为学生点燃了一盏盏写作的心灯，温暖着他们内心写作的种子生根、发芽；公开发表鼓起了学生写作的风帆，让他们可以信心满满地扬帆远航，步入写作的神圣殿堂。

▶ 学生公开发表作品展示厅

猜猜他是谁

吉林大学附属小学　　二年七班　　赵芸熙

他个头不高，但给人感觉能量无穷。

他的长相很喜庆，眼睛总是笑眯眯的，好像弯弯的月牙儿。

他的嘴好像从来没有合拢过，不是在说话就是在准备说话的路上。每次他绘声绘色地讲故事时，眼睛都像闪亮的星，嘴角还微微扬起，和他在一起，你会不自觉地快乐起来。

他是班里的"开心果"，性格开朗、乐观，好像永远没有愁事。开心时，他哈哈笑；上课时，他偷偷笑；就连被批评时，他仿佛也有一丝笑容挂在嘴角。

他非常聪明，是一个"机灵豆"。数学课上，老师提问他总是第一个举起手，有的问题很难，没几个人能回答上来，他却总是可以轻而易举地破解难题。

他是老师的得力助手，无论老师布置给他什么任务，都能办得明明白白、妥妥帖帖。

他身手矫健，还是一个运动健将。赛道上，他一马当先，像一支离弦的箭；跳大绳的时候，他又可以灵活得像泥鳅一样在绳间穿梭。

这样活泼开朗、古灵精怪的他，你们猜到是谁了吗？

淘气的小雨点儿

吉林大学附属小学　　三年七班　　梁昕悦

淘气的小雨点儿实在不听话，叫它不要待在外面，它非要出去玩儿。没过两天，它就咳嗽、打喷嚏了。

有一天，它说要和朋友们一起去锻炼身体。它们跳来跳去，根本停不下来。不是弄湿了这家晾干的衣服，就是浇涝了那家花坛的鲜花，甚至还把路边玩耍的小朋友淋感冒了。

雷声震耳欲聋，雨越下越大。路上的积水逐渐变成了溪流，路旁的小树也都被浇成了落汤鸡。

小雨点儿跳得筋疲力尽，它有气无力地对朋友们说："都跳这么长时间了，玩儿得差不多了，我们就散了吧！"雷声渐渐小了，乌云们也相互招手，慢慢退去……

小雨点儿回到家，就被妈妈教训了一顿。短时间内，它再也不敢淘气了。

那次玩得真高兴

吉林大学附属小学　　三年七班　　张师睿

每次路过学校附近的小广场，我都会不由得想起和好朋友玩游戏的情景。

那天放学后，我和轩轩、恩旭相约来到小广场，玩起了抓人游戏。我们定好规则，第一局是恩旭抓我和轩轩。游戏刚一开始，我和轩轩就像两只离弦的箭一样冲了出去。

轩轩很会跑，他利用蛇形跑位，忽左忽右，晃来晃去。恩旭忙活了半天也没抓到轩轩，累得一屁股坐到了木椅上，垂头耷脑的样子特别可爱。

　　轩轩笑嘻嘻地走过来逗恩旭，"想抓我没那么容易的，不服就再来呀！"这时，恩旭突然站起身，猛地抓住了轩轩的胳膊，大笑道："哈哈，抓到你啦！"轩轩很不服气，噘着嘴说："你这是要赖。"恩旭吐了一下舌头，摇头晃脑地说道："这叫兵不厌诈。"

　　第二局是恩旭和轩轩抓我，我一个人肯定对付不了他们俩。于是，我决定智取。我躲到了广场边的水泥墙后面，透过墙上的小洞，偷偷观察轩轩。只见他左顾右盼，就是无从下手，我捂着嘴，差点笑出了声。正当我偷着乐的时候，胳膊突然被掐住了。我吓了一大跳，转头一看，原来是恩旭站在我身后。他得意扬扬地说道："怎么样？这叫声东击西。"

　　轩轩一溜小跑，来到跟前，看到我一脸囧相，哈哈大笑。我也情不自禁地笑起来，我们的笑声如银铃般在小广场上回荡。

　　当太阳沉到了高楼的背后，最后一缕余晖渐渐消逝，游戏结束了。我们依依不舍地离开了小广场，多么希望下一次的游戏时间早点到来啊！

后 记

遇见你，我们才有了这段最好的时光

——2019届毕业生敬赠

喜欢我们年少浮夸的张扬，
喜欢我们年少浮笑的脸庞，
当您抓不住青春的日子，
却用铿锵的生命，
照亮了我们的前程！

即使那些日子风干成记忆，
依旧动情得让我们泪流满面。
岁月不居，
时节如流。

时间总是不经意间从指缝中消失，
在我们还来不及欣赏它的时候，
已经一去不复返。
可它却刻画了你的样子，
深深印在我们的脑海！

记住了您偶尔游走的文笔，
还是那么的年轻飘逸；
记住了您在教室后的辛劳背影，

是燃尽芳华后的疲惫；
记住了您批改作文时的一颦一笑，
是苦中作乐的辛酸。

您的爱，
比父爱更浓烈，
好像俄罗斯的伏特加；
比母爱更细腻，
好像德芙巧克力；
比友爱更纯洁，
好像深山中的一眼泉水。

一脸的茫然不知所措，
但我们迎着的，
却总是您耐心地笑。

从此，
我们便记住了您，
记住了这份耐心和真挚，
记住了您束在脑后的长辫，
记住了您清澈眼眸里唯美的笑意，
记住了您在黑板上散发着悠悠古韵的方块字。

让岁月铭记这美好的时刻，
用生命回味那幸福的味道！
无数个看似平凡的日子，
是用您那缜密的心思和精巧的双手，
为我们编织出绚丽多彩的小学生活。

喜欢你凝思的样子，
挽起的发髻那般的安静，
质朴之间不带一丝浮华炫耀，
却永远都散发着迷人的馥郁，
永远都牵引着一个个幼小的心灵。

只想陪在您身边，
延缓即将到来的离别，
只想在岁月的年轮里，
再多画一笔。
人生就是一次次幸福的相聚，
夹杂着一次次伤感的别离。

我们不是在最好的时光遇见了您，
而是遇见了您，
我们才有了这段最好的时光！

让我们为您唱响"生日快乐歌"，
祝我们的老顽童永远年轻快乐！

爱着孩子们，也被他们爱着，是这世间最最幸福、最最美好的事！